十万个为什么（老年版）

阳光心理

上海市学习型社会建设与终身教育促进委员会办公室　指导
上海科普教育促进中心　组编
崔丽娟　主编

YANGGUANG XINLI

复旦大学出版社
上海科学技术出版社
上海科学普及出版社

《十万个为什么》(老年版)
编 委 会

编委会主任	袁 雯
编委会副主任	庄 俭　郁增荣
编委会成员	（按姓氏笔画排序） 凤慧娟　江晨清　李 唯　李惠康 张宗梅　姚 岚　夏 瑛　蔡向东
指　　导	上海市学习型社会建设与终身教育促进委员会办公室
组　　编	上海科普教育促进中心
本书主编	崔丽娟
本书撰写	顾颖啸　何茜茜　倪蒙娇

总 序

党的十八大提出了"积极发展继续教育,完善终身教育体系,建设学习型社会"的目标要求,在我国实施科技强国战略、上海建设智慧城市和具有全球影响力科创中心的大背景下,科普教育作为终身教育体系的一个重要组成部分,已经成为上海建设学习型城市的迫切需要,也成为更多市民了解科学、掌握科学、运用科学、提升生活质量和生命质量的有效途径。

随着上海人口老龄化态势的加速,如何进一步提高老年市民的科学文化素养,通过学习科普知识提升老年朋友的生活质量,把科普教育作为提高城市文明程度、促进人的终身发展的方式已成为广大老年教育工作者和科普教育工作者共同关注的课题。为此,上海市学习型社会建设与终身教育促进委员会办公室组织开展了老年科普教育等系列活动,而由上海科普教育促进中心组织编写的"十万个为什么"(老年版)系列丛书正是在这样的时代背景下应运而生的一套老年科普教育读本。

  "十万个为什么"（老年版）系列丛书，是一套适合普通市民，尤其是老年朋友阅读的科普书籍，着眼于提高老年朋友的科学素养与健康生活意识和水平。第二套丛书共5册，涵盖了延缓衰老、安全用药、旅游攻略、阳光心理、理财顾问等方面，内容包括与老年朋友日常生活息息相关的科学常识和技术知识。

  这套丛书提供的科普知识通俗易懂、可操作性强，能让老年朋友在最短的时间内学会并付诸应用，希望借此可以帮助老年朋友从容跟上时代步伐，分享现代科普成果，了解社会科技生活，促进身心健康，享受生活过程，更自主、更独立地成为信息化社会时尚能干的科技达人。

前 言

　　发白如雪,那是岁月沧桑撒下的鲜花;弯躯如弓,那是时间老人积蓄的能量;手如槁木,那是神农赐予不断收获的硕果;睛若黄珠,那是上苍赐予五彩缤纷的颜色。老年生活在整个人生阶段最为厚重积淀,如何才能让自己的老年生活更加健康而快乐、充实而精彩呢?本书试图从五个方面进行说明:

　　社会角色变换与适应,旨在让老年人在角色变换过程中很好地认同及适应自己的新社会角色;

　　情绪修炼及性格养成,旨在帮助老年人保持积极的情绪状态,改善养老生活质量;

　　家庭生活与人际关系,旨在帮助老年人建立良好的家庭人际关系,晚年生活幸福美满;

　　社会交往的常见困惑,旨在帮助老年人进行积极、良好的人际交往,益于身心健康发展;

　　如何实现心理抗衰老,旨在帮助老年人实现心理健康,提高生活质量,收到延年益寿之功。

目 录

一、最美不过夕阳红——社会角色变换与适应 ………… 1

1. 为什么要学习、接受新的事物和观念？/ 2
2. 为什么要积极面对老龄化社会各种资源的开放？/ 4
3. 为什么人到老年仍旧需要学习基本理财知识？/ 6
4. 为什么人到老年要有财产保护意识？/ 8
5. 为什么退休后会感到特别失落，会有离退休综合征？/ 10
6. 为什么退休后会容易"角色混淆"？/ 12
7. 为什么喜欢跳广场舞后人的心态会变得年轻？/ 14
8. 为什么老年人应该对小事常糊涂？/ 16
9. 为什么要"老有所为"？/ 18
10. 为什么要提倡老年人在社会适应中的自助？/ 21

二、山雨欲来风满楼——情绪修炼及性格养成 ………… 23

11. 为什么要喜怒形于"色"？/ 24
12. 为什么老年人情绪容易起伏？/ 26
13. 为什么老年人会固执己见？/ 28
14. 为什么老年人会产生怕孤独心理？/ 30
15. 为什么老年人特别容易焦虑紧张？/ 32
16. 为什么老年人经常容易疑心重重？/ 34
17. 为什么会出现老年抑郁？/ 36

18. 为什么有时别人稍有违逆就会怒从心头起？/ 38
19. 为什么性格会影响健康和寿命？/ 40
20. 为什么生活态度和性格因素会对社会交往产生影响？/ 42
21. 为什么年轻时脾气好，年老了脾气会变得古怪？/ 44

三、家有一老，如有一宝——家庭生活与人际关系 ············ 47

22. 为什么老年夫妻也需要心理磨合？/ 48
23. 为什么失去老伴后要注意心理调适并提倡再婚？/ 50
24. 为什么老年人要及时与儿女沟通？/ 52
25. 为什么不要干涉已婚子女的家庭生活？/ 54
26. 为什么会有"隔代亲"现象？/ 56
27. 为什么子女管教孩子时不要直接干预？/ 58
28. 为什么唠叨不停反而不被大家理解和重视？/ 60
29. 为什么需要适时确立遗嘱并做公证？/ 62

四、人生乐在心相知——社会交往的常见困惑 ············ 65

30. 为什么老年人会出现沟通障碍？/ 66
31. 为什么老年人容易和年轻人起冲突？/ 68
32. 为什么有些老人在社会交往中容易上当受骗？/ 70

33. 为什么要让老年人忙起来？/ 73
34. 为什么老年人要有自己的交际圈？/ 75
35. 为什么要学会宽容、善待他人？/ 77
36. 为什么"怎么说"比"说什么"更重要？/ 79
37. 为什么正常的社会交往活动对丧偶老人尤为重要？/ 81
38. 为什么要"老幼结亲"？/ 83

五、老骥伏枥，志在千里——如何实现心理抗衰老 / 85

39. 为什么老年心理问题容易被忽视？/ 86
40. 为什么一些看似身体不适的症状实际上是心理问题？/ 88
41. 为什么不良的心理暗示会影响身体健康？/ 90
42. 为什么老年人要掌握疾病的早期信号或征兆？/ 92
43. 为什么正确看待疾病对老年人更重要？/ 94
44. 为什么会有黄昏心理？/ 97
45. 为什么会有老年自卑心理？/ 99
46. 为什么会出现"戴着眼镜找眼镜"的老年记忆障碍？/ 101
47. 为什么会有睡眠障碍？/ 103
48. 为什么要变"养儿防老"为"养生防老"？/ 105
49. 为什么"以老自居"人更老？/ 107
50. 为什么会患老年痴呆？/ 109

一、最美不过夕阳红
——社会角色变换与适应

2 阳光心理

1. 为什么要学习、接受新的事物和观念？

美国心理学家认为，随着年龄的增长，人到了老年期便逐渐进入一个"生物-心理-社会"的转折期。老年人由于生理机能的衰退，社会角色的改变，其心理活动也要发生相应的变化，因而很容易固守之前的观念和想法，墨守成规，驻足不前。

常言道："书山有路勤为径，学海无涯苦作舟。"人要想不断地进步，就得活到老学到老，在学习上不知满足。人类几千年积累下来的知识文化，不可能在短时间内学完，就算把一生几十年的时间都用来学习也还是很有限的。在信息技术高度发达的知识经济时代，人类唯有把教育延长为终身的学习才能适应社会发展的要求。正所谓"吾生也有涯，而知也无涯"，尤其在当今这个时代，世界在飞速发展，知识更新的速度日益加快。人们应对千变万化的世界，就必须在思维和认知上具有高适应性，"活到老，学到老"，不断学习和接受新鲜的事物，才能与时俱进，保持心理的健康与年轻。

小贴士

少而好学，如日出之阳；壮而好学，如日出之光；老而好学，如秉烛之明。
——西汉经学家刘向

比尔·盖茨讲过一句话："在21世纪，人们比的不是学习，而是学习的速度。"在现今的环境里，我们必须用不断学习来防患于未然。知足常乐是一种美德,但是,一切事物都有其存在的环境,知足常乐的道理也是如此。在物质生活上,知足者常乐,而在事业上,在学习上,总是知足就会裹足不前,就有可能被时代所淘汰。所以,要不断学习新事物。

老年朋友要想拥有一个快乐的晚年,就一定要热爱自己的生活,肯接受新事物、新观念,始终坚持与时俱进。要时刻注意到现实生活中的美好事物,因为它不仅仅只属于年轻人,同样也属于老年人。只要展开双臂热情地拥抱生活,生活也一定会给我们最丰厚的回报。

一、最美不过夕阳红——社会角色变换与适应

小贴士

活到老学到老

在学习面前永远没有"晚"这个概念。晋平公是春秋末期晋国的君主。他晚年的时候想学一些知识,可是总觉得自己已经老了。有一天,他向乐师师旷求教说:"我现在已经70多岁了,很想学些知识,恐怕太晚了吧?"师旷回答:"晚了,为什么不点蜡烛呢?"晋平公没有听懂他的话,生气地说:"哪有为臣的这样戏弄君王!"师旷解释:"我怎么敢跟您开玩笑!我曾听人说过,少年时爱好学习,就像日出的光芒;壮年时爱好学习,就像太阳升到天空时那样明亮;到老年时还能爱好学习,就像点燃蜡烛发出的光亮。蜡烛的亮光虽然微弱,但同没有烛光在昏暗中愚昧地行动相比较,哪一个更好一些呢?"晋平公听了,恍然大悟:"你说得真好!我明白了,学习是一生的事情。"一个人不论是少年、青年、中年或者老年,在什么时间开始学习都不晚,而一旦停止了学习,就意味着随时有被别人超越的危险,成为落伍者。

2. 为什么要积极面对老龄化社会各种资源的开放？

21世纪我国的老龄化将更加迅速、大规模、高龄化地到来。据预测，到2040年，我国65岁以上老年人口的比例将达到20%以上。人口老龄化是社会经济发展的必然趋势，这既是一个挑战，更是一次机遇，我们应该积极合理地开发老年人的价值，使人口老龄化的负面因素转化为积极因素，推动经济发展与人口发展之间的协调，最终达到整个社会的健康持续发展。

积极应对老龄化社会各种资源的开放，是老年朋友社会适应的一种表现。所谓社会适应，就是个体承担或扮演社会角色的过程。社会角色包括一整套和人的社会地位相一致的权利、义务和行为模式。它是复杂丰富的，有着多种表现形式，这些表现形式处处体现着该社会角色的特点。对于退休后的老年朋友，不仅要适应退休后新的社会地位，以承担或扮演好自己退休后的社会角色，同时还因为退休经受一个"社会角色变换"的过程。在这个角色变换过程中，倘若老年人适应不良，不能很好地认同及适应自己新的社会角色，就会产生不少心理和生理问题。

"积极应对老龄化"是一种观念。它是指最大限度地提高老年人的"健康、参与、保障"水平，确保所有人在老龄化过程中能够不断提升生活质量，促使所有人在老龄化过程中能够充分发挥自己体力、精神、社会等方面的潜能，保证所有人在老龄化过程中能够按照自己的权利、需求、爱好、能力参与社会活动，并得到充分的保护和照料。

人人都是老龄社会的主体，都应当以积极的生活态度面对老龄化，既要有"老吾老以及人之老"的宽广博爱，也要有"未雨绸

缪"的预先准备,为自己的老年生活做好物质和精神的储备。而老年人作为社会的重要组成部分,更应该以积极的态度面对社会资源的开放,以积极的生命态度投入生活,更加注重身心健康、人格尊严,才能安享幸福的晚年生活。

一、最美不过夕阳红——社会角色变换与适应

小知识

什么是人口老龄化

所谓人口老龄化,是指相对于年轻人口所占比重而言,总人口中老龄人口的比重呈持续增长的趋势。简而言之,是指老龄人口的比重日益增加的过程。联合国1956年发布的《人口老龄化及其经济社会含义》规定:65岁及以上老年人口占总人口的7%以上、14岁及以下儿童人口占总人口的30%以下、老少人口比例(65岁及以上老年人口与0~14岁人口比)在30%以上、年龄中位数在30岁以上,即可认定为人口老龄化。1982年维也纳老龄问题世界大会上宣布,60岁及以上老年人口占总人口的10%以上,即可认定为人口老龄化。所以,一个国家或地区60岁及以上老年人口占总人口的10%以上,或者65岁及以上老年人口占总人口的7%以上,即可认定该国家或地区为人口老龄化社会。

3. 为什么人到老年仍旧需要学习基本理财知识？

作为金融服务特殊群体的老年人，由于对新事物的认知能力不足，金融素质水平相对落后于金融业的发展。据调查，老年群体金融知识相对匮乏，不知道如何投资理财以增加自身的财产性收入；不甚了解产品特点和风险情况，盲目购买与其风险承担能力不相适应的金融产品；金融风险意识和风险识别能力较差，使金融诈骗犯罪极易得逞。因此，对于老年人来说，学习基本的理财知识是非常重要的。

到了老年，经济收入会有不同程度的下降，而老人又常常要面临不时之需。子女当然有义务在经济上支持老人，但每个人的情况都有所不同，有些子女确实有困难、没能力负担老人，很多老人也不愿完全依赖子女。所以，老人的钱财特别应该妥善管理。对于老年朋友来说，花钱要有计划、有安排，一定要有适量的积蓄，以备随时可能的急需。过度的大方、不节制只会使老人更容易陷入困境，但过度的节俭对老人也不可取，不仅可能伤害老人的身体，也会影响老人的心理健康，造成人际压力。学习理财知识能引导老人适度节俭，按计划开销，走上合理的理财之道。

老年朋友学习一些基本的理财知识是十分必要的。首先，老年人学习理财知识，参与理财，有助于保值、增值财富与资产价值。其次，老年人学习理财知识能够合理支配自己的钱财，掌握老年人理财的安全原则，避免轻信、贪利、跟风、攀高的误区，了解购买保险时应注意的问题、炒股亏损的几种心态、非法集资的特征，防止上当受骗。最后，老年人学习些基本的理财知识也是"活到老,学到老"的重要体现,不断学习、积累技能、提高经验有助于填补因退休带来的精神空虚,使得晚年生活充实而有意义。

小知识

财产权益法律知识问答

（1）科学制定理财规划。理财规划应围绕影响涉及老年人晚年生活各个方面的规划展开。如日常生活计划、资助子女计划、休闲与再教育计划、资产分配计划、保险计划、养老与退休保障计划、债务管理计划等。

（2）合理制定现金收支预算。按规划的思路进行具体的理财工作,将日常收支合理地划分类别,切实地安排各项支出,管理和调节好日常生活,合理制定预算,将何时做何种消费做到心中有数。

（3）主动建立健全理财账簿。财产的管理需设立账簿,认真记录。

（4）积极构建理财资产组合。根据各种理财工具的特点和老年人的具体情况,合理分配可支配财产,争取财产使用效益的最大化。

（5）选择合理科学的投资理财方式。针对性地学习专业理财知识和技巧,或者选择金融规划理财师、理财专家的代客理财。

一、最美不过夕阳红——社会角色变换与适应

4. 为什么人到老年要有财产保护意识？

近年来,老年人的健康、养老等基本人身权益越来越受到社会的关注和重视。与此同时,老年人的财产安全问题层出不穷。各类诈骗中,最为常见的就是以老年人财产为目标的诈骗犯罪。据法院统计,在所有被起诉的诈骗案中,涉及老年人的近两成。不仅诈骗分子瞅准了老年人这一弱势群体,辛苦养育的儿女也甚至会跟自己产生财产问题纠纷。子女向父母借钱不还、擅自处理和变卖父母名下的房子等财产、年轻夫妻把子女长期交给父母抚养却不交纳任何费用、向他人借钱却强迫父母归还,等等,种种恶劣行径都导致老年人的财产权益受到侵害。

没有独立的财产就难有独立的人格,因此保有独立的财产非常重要,尤其对老人更是重要。因此,老年人基本的财产保护意识必不可少,必要时要学会拿起法律的武器,维护自身的权益。

那么如何有效地保护自己的财产权益,消除后顾之忧呢?

首先,学习基本的法律知识,增强法律意识。对侵犯自己财产的违法行为,无论是子女、近亲属,还是社会人员,要敢于打破情面,理直气壮地诉诸法律。

其次,保护好自身隐私,不轻易给他人各种形式的授权。随着我国高龄、失能、失智老年群体相应增多,经常出现老年人子女或者其他亲属利用老年人对自己的信任、认知水平下降以及行为能力不足的缺陷,违背老年人意愿,擅自到有关部门办理涉及老年人重大权益的一些事项,严重侵害老年人的权益。因此,要时刻保护好自己的隐私,重要的身份证件、财产凭证妥善保管,不随意移交给别人;在自己有能力保管自己财产的时候,尽量做到自己管理。

最后,通过电视、网络、报纸了解目前各种常见的诈骗行为。银行诈骗、短信诈骗、亲人诈骗、网上诈骗、中奖诈骗等诈骗行为层出不穷,多种多样。老年人应当多了解各种诈骗的方式,吸取别人的教训,方能高枕无忧。

小知识

老年人理财需要把握好的环节

1. 老人赠与子女的财产可以要回吗?

可以,但有条件。这些条件是:受赠人严重侵害赠与人或者赠与人的近亲属;对赠与人有抚养义务而不履行;不履行赠与合同约定的义务。老人撤销赠与的权利,应自知道或者应当知道撤销原因之日起一年内行使。

2. 老人的房子,子女占着不走,怎么办?

应及时向社区、街道工作人员求助,或者向人民法院提起诉讼。

3. 老人和子女共同买房居住,子女赶老人走,怎么办?

如果老人认为与子女确实不能共同居住时,可以另行解决居住问题。但对共同买房的出资部分,可以要求返还出资并要求子女按出资比例支付房价上涨所产生的涨价收益。当然,老人也可自己占有住房,而给付子女相应的财产。

4. 老人的房子拆迁时,被子女变更房产证,怎么办?

可直接要求子女变更房屋登记,或者向人民法院提起诉讼,请求变更登记。

5. 为什么退休后会感到特别失落，会有离退休综合征？

退休了，忙碌了一辈子，终于可以好好歇歇，可有些老年人却突然发现自己不习惯这陌生的清闲，各种负面的情绪（焦虑、暴躁、茫然、无力……）蜂拥而至。自由的时间多了，怎么反而变得更失落？这都是离退休综合征所致。

离退休综合征是指老年人由于离退休后不能适应新的社会角色、生活环境和生活方式的变化而出现的焦虑、抑郁、悲哀、恐惧等消极情绪，或因此产生偏离常态的行为的一种适应性心理障碍，这种心理障碍往往还会引发其他生理疾病，影响身体健康。对中老年人而言，离退休是生活中的一次重大变动，生活内容、社会地位、人际交往等各个方面都会受到影响而发生很大变化。正是因为适应不了突然的改变，才会出现离退休综合征。

因此，要预防和治疗离退休综合征，老年朋友就应该努力适应离退休所带来的各种变化，即实现离退休社会角色的转换。通常有以下三种方法：

（1）调整心态，顺应规律。离退休是不可避免的，所以要消除"树老根枯"、"人老珠黄"的悲观思想和消极情绪，调整心态，积极面对新的离退休生活，将其视为另一种绚丽人生的开始，重新安排自己的工作、学习和生活，做到老有所为、老有所学、老有所乐。

（2）善于学习，渴求新知。俗话说得好，"活到老，学到老"，我们身处社会变化风起云涌的时代，只有不断学习，树立新观念，才能跟得上时代的步伐。此外，学习还能促进大脑的使用，延缓智力的衰退。

（3）培养爱好，寄托精神。许多老年朋友在离退休前已有业余爱好，只是工作繁忙而无暇顾及，离退休后正可利用闲暇时间充分享受这一乐趣。即便先前没有特殊爱好的，离退休后也应该有意识地培养一些，以丰富和充实自己的生活。写字作画，既陶冶情操，也可锻炼身体；种花养鸟也是一种有益活动；另外，跳广场舞、气功、打球、下棋、垂钓等活动都能使参加者益智怡情、增进身心健康。

小知识

离退休变动期

离退休是人生中的一次重大变动。心理学家认为这种变动常常要经过4个时期：

（1）期待期：自愿离退休的人，常以积极的心情期待离退休；被迫离退休的则往往相反。

（2）离退休期：指正式离开岗位的这一天，它有时被人想得很可怕，有时又被人想得挺痛快，有时还会出现意想不到的情况或思虑。

（3）适应期：刚离退休后，生活的内容和节奏发生很大变化，很多老年人此时产生烦躁、抑郁情绪，感到茫然、无所事事而又无所适从。适应期是最困难的时期，必须以新的内容充实生活。闲散的生活有时会使人有轻松舒适感，对更多的人来说，长期懒散的生活也会使人感到索然无味甚至厌倦，有时还会发生情绪和身体的失调。

（4）稳定期：即建立新的生活秩序的时期。不管愿意不愿意，人生终究要经历这个离开工作、退休在家的时期。虽然也有一些人终身工作，但毕竟是极少数。离退休后的生活无论是比较满意或是不太满意，但总要慢慢地习惯和适应它。

6. 为什么退休后会容易"角色混淆"？

小案例

王伯伯最近陷入"四面楚歌"的境地,退休后离开了原来的"官位",从前热闹的家门变得冷清了,单位中叱咤风云,回家后却没人听自己的。这种突然的变化让他很不舒服,家里人对他事事颐指气使的架势也是一肚子的怨气。

显然,王伯伯产生了"角色混淆"。社会心理学告诉我们,人在生活中要承担很多社会角色。在家庭中,是父母,是子女,是兄弟姐妹;在社会上,是朋友,是熟人;在工作上,是上司,是同事,是下属。王伯伯没有意识到他所处的生活舞台——社会环境已经变了,在家里还扮演着"领导"的社会角色,他的行为因此表现得不符合社会预期,麻烦与冲突也随之而来。

这种个人不合时空条件和情景、氛围,在选择角色行为上的混乱和错位,心理学上称之为"角色混淆"。退休后,生活环境、人际交往都会相应改变,在不同环境、不同角色之间的交往原则存在差异,工作中讲究公平,家庭朋友之间可能更强调需求。产生"角色混淆"是很正常的,关键是如何处理好工作中的"前辈"角色与家庭中的"长辈"角色呢?

首先,要有角色转换意识。人们在社会生活中的身份是不断变化的,应当随着环境和场所的变化,不断地调节角色和角色行为。

其次,学会换位思考。在考虑和处理问题时,尽量站在对方的立场上,将心比心地思考,多一分宽容与谅解,许多因为角色的差异而导致的矛盾便会迎刃而解。

最后,不同的角色都有不同的权利与义务,老年人可以提前做好退休计划和心理准备。一些研究表明,退休前曾做过妥善计划的老年人离退休之后的生活适应较好。一般的老年人在退休后6个月,即能适应新的生活方式。在转换角色后,应当对不同的角色承担相应的权利和义务,更健康、积极地生活。

小贴士

名人也会"角色混淆"

一次,英国女王维多利亚和丈夫发生了激烈的争吵。丈夫阿尔伯特亲王怒气冲冲地离开卧室,奔向书房,"砰"的一声,重重地关上房门。女王来到房门前,大声呵斥:"开门!"丈夫问:"你是谁?"女王气势汹汹地回答:"我是英国女王。"屋子里没有任何反应。女王又敲门,声音柔和了一些,说道:"我是维多利亚。"里面仍然悄然无声。最终,女王以极其柔和的声音轻轻地说:"亲爱的,开门,我是你的妻子。"话音刚落,房门打开了。

因此,为了使日常的人际关系更为融洽、和谐,我们应当扮演好自己的社会角色。我们若能成功地扮演好各种角色,既满足了个人的需求,也迎合了社会的需要;反之,那些不能胜任各种角色的人,容易发生社会角色冲突,给自己的生活带来困扰。

一、最美不过夕阳红——社会角色变换与适应

7. 为什么喜欢跳广场舞后人的心态会变得年轻？

心理学研究表明，每个人都害怕孤独和寂寞，希望自己归属于某一个或多个群体，如家庭、工作单位、协会团体等，这样可以从中找到志趣相投的朋友，得到温暖、帮助和爱，消除或减少孤独和寂寞感，获得安全感。对老年人来说，从原单位退休后，日常的社交急需用另一种方式去填补，如老年大学、兴趣社团等，而广场舞是最受青睐的。

释迦牟尼说，生命到处充满无常，死亡却是必然的事实。绝大部分物种都有逃避伤害和死亡的本能。每个人在潜意识里都希望健康活力在自己身体里多驻留一段时间，最好是永远。但当身体开始老化、身心倍感沉重时，健康是多么珍贵而难得。也许我们根本意识不到，正是在不服输、不认老的潜意识下开始了跳广场舞这项活动。

火热的广场舞背后，隐藏着中老年人内心深处的孤独和对交往、陪伴的渴望。从某种程度看，我们普遍存在心灵世界比较匮乏的现象。如今五六十岁的这代人，赶上了"上山下乡"，赶上了下岗再就业，这种特殊的时代背景导致其中很多人都提前退休，子女又大都"漂"在大城市，很多家庭出现"空巢"现象，单纯依靠家里有限的情感交流难以排解孤独。而且，现代人际关系冷漠，尤其在城市里，大家关起门来，谁都不认识谁。但人类生来就是群居动物，都有社交的需求，广场舞恰恰以一种全新的形式，为中老年人提供了一个交往平台。跳舞既能活动身体，又能舒缓心情，还能提升个人气质。广场舞动作简单，活动量大，易于学习和坚持。跳舞时，人的注意力会集中在乐曲上，并随着节奏将情感抒发在舞姿上,能释放内心积压的不快和郁闷,具有强健身体和心理的双重功效。广场舞还满足了中老年人喜欢聊家长里短的需求,此外,四五十年代在温饱都成问题中成长起来的那一代人,以前没有更多时间和精力去发掘自身的喜好,到了中老年,普及性广、动作简单、学起来容易的广场舞就成了最佳选择。广场舞这种松散、自发的活动对促进心理健康也有积极意义。他们一边跳舞活动身体,一边交流各种信息,谈得喜笑颜开。这样不仅活动了身体、增强了体质,而且扩大了视野、增长了知识、锻炼了思维、促进了心理健康、增强了团结和友谊。

小知识

老年人的合群心理

人类是群居动物。常言道:"物以类聚,人以群分。"几乎所有人都要和其他的人发生密切的交往。人们这种寻求伙伴而与他人相处或聚集在一起的结群行为,就是合群心理的一种表现。合群是所有动物的一种心理行为,常言所说的"狗跟狗做朋友,猫跟猫做朋友",就是对动物界合群心理的一种形象描述。人类的合群心理行为,是人从众心理的一种特殊表现形式,是人的生存和安全感的一种需要。它可以预防和消除一些孤独、紧张、抑郁和不安的情绪。老年人的合群心理与年龄、职业、性别有密切关系。

一、最美不过夕阳红——社会角色变换与适应

8. 为什么老年人应该对小事常糊涂？

年轻夫妻在一起生活，多半是一种身体和心理的接触，而老年夫妻走在一起，就真的是相依相靠。老年夫妻相携在夕阳下，互相依扶着，给人的感觉就是谁也离不开谁，不禁使人想到"最浪漫的事就是和你一起慢慢变老"。人越是岁数大，就越需要伴侣在生活上相互照顾，在心灵中互相慰藉。几十年患难与共、风雨同舟，经历了岁月的考验留下的宝贵婚姻最值得好好珍惜。

老年夫妻朝夕相处难免会有摩擦，对于那些日常生活中的小事情、小摩擦，比如买什么牌子的酱油、饭是否烧得太软、菜是否太咸了，等等，尽可能糊涂些，不必斤斤计较、非要和老伴争个高低。《爱情的奥妙》一书中写道："为了你的老伴安度晚年，为了延长你老伴的生命，为了你们能够走完最后一段爱情之路，您就要装聋扮傻。这就是晚年之爱的需要，是夫妻晚年阶段和平共处的法则。"这是有道理的，实际上就是说在老年夫妻关系中，老年夫妻双方都要有一种气度和胸怀。"愿得一人心，白首不相离。"老年夫妻只要加强感情交流，相互关心，相互尊重，就会情深意重，白头偕老。

小贴士

快乐长寿老人经验总结

下面是一些快乐的长寿老人的经验总结，也许会给老年朋友一些有益的启发。

"一个中心"——以健康为中心。老年人的一切活动，都要围绕这个目标进行。老年人只有坚持身心健康、做到老而不衰、精神焕发，才有良好的心态，才能获得充实愉快,延年益寿。

"两个基本点"——潇洒一点,糊涂一点。这是永葆平和心境的要诀。不管遇到什么不如意的事,都要尽量乐观豁达,善于解脱,潇洒面对。在日常生活中,家人亲友交往时更要乐得"糊涂",不必事事较真,徒增不和或烦恼而损害健康、失去快乐。

"三个忘记"——忘记年龄,忘记疾病,忘记怨恨。不要老是把"老了"、"病了"记在心里,挂在嘴上,老气横秋,忧心忡忡,那样对健康很不利。"叹老老得快,疑病病自生"是有一定科学依据的。有些老年人,历尽坎坷,对曾经伤害过自己的人积怨甚深,耿耿于怀,这都不利于良好性格的形成。

"四个有"——有个老窝(房子),有点老底(积蓄),有个老伴儿,有群老友。有了这"四有",不仅可优化老年人的性格,更有助于老年人的健康长寿。房子和积蓄是安度晚年的物质条件,老伴儿是同甘共苦的生活伴侣。夫妻之间相亲相爱、互相关心、理解和扶携,对双方健康长寿的作用是任何别的关怀都不能替代的,一定要加倍珍惜和维护。老友贵相知,常有聚,对活跃思想、愉快身心大有裨益。

"五个要"——要笑、要动、要俏、要唠、要掉。这都是强健身心的方法。笑是笑口常开心常乐;动是坚持适当的运动锻炼;俏是美化自己和生活;唠是谈心交流不憋闷;掉是指不论从什么岗位上退下来,功名利禄皆成过去,都要以普通老年人的正常心对待一切,既不背往日辉煌的包袱,也不因今日"门庭冷落"而寂寥,保持心理平衡,练就良好性格。

一、最美不过夕阳红——社会角色变换与适应

9. 为什么要"老有所为"?

岁月的磨蚀,不仅在老年人的面目上刻下了深深的印痕,更在老年人的心理上留下了时间的钉痕,所以,人老常有"老来无用"之感,腿脚不灵便了,耳聩眼花了,心中更是常有"物是人非"的苍老感。这种心理衰老的现象容易使老年人陷入颓废、自卑,对生活失去信心和投入的热情。要知道,心灵的衰老是最可怕的衰老,如果能让心灵不老,即使瘫痪在床,一样可以活得灿烂。所以,老年朋友应该克服这种老朽感,以"老骥伏枥,志在千里"的壮酬,在人生晚年再演绎一场轰轰烈烈的"人生长乐歌"。

"老有所为"是一种活动,生命在于运动,所以老年人的"老有所为"能增强自身活力,有助于提高老年人自身的健康水平。任何人对于由自己付出劳动所获得的成果及对社会和他人所做的贡献,都会有一种愉快的情绪体验。这对于老年人来说,有利于增强自信心和勇气,提高心理健康水平。"老有所为"的活动使老年人得到一种奉献需要的满足和精神上的享受,因为他可以得到一定的物质或精神的回报。心理学研究认为,积极的回报和反馈是对行为的一种正强化。这种强化的价值越大、频率越高,对行为的强化和激励作用就越大。对于老年人来说,不仅心理上会有一种幸福感和自豪感,而且他的这种行为重复出现并长期坚持的可能性就越大。从这个意义上来说,他对社会的贡献也就会越来越大。

"老有所为"可以促进"老有所学"、"老有所养"、"老有所乐"、"老有所医"和"老有所教"。老年人通过一些有偿劳动,获得一定的经济利益,在一定程度上可以弥补或改善"养"和"医"的条件,为心理上的安全系数增加砝码。

老年人的"老有所为"活动,是在自觉量力和自愿乐意的情况下进行的。因此,这样的活动对于老年人来说,是一种乐趣和精神享受。心理学研究认为,凡在愉快积极的情绪状态下进行的任何活动,都有益于身心健康水平的提高。

> "老有所为"不仅是一种奉献,更是一种新型的"再学习",能够成为一种强大的动力,推动老年人参与各种各样的学习。说它是一种新型的"再学习",是因为通过这种活动,可以进一步丰富、发展个人的实践经验,而且由于在活动过程中所碰到的困难和问题需要去思考、研究、学习和试验,从而增长知识和才干。

年长者们是一股不可忽视的社会力量。由于到了退休年龄,社会上就普遍认为他们该休息了,往往忽略了他们的价值。退休女性相对还好,可以帮儿女们带孩子、做家务,而退休男性大多聚集在一些所谓的"文化活动中心"打麻将,有的甚至把打麻将当作"主业",连家都顾不上。实际上,这造成大量社会力量闲置,而这些力量是社会所需要的。如果把这些退休人员组织起来,譬如成立"社区家教交流中心",安排退休老人一定的岗位,让他们把丰富经验传授给社区的年轻父母,那该有多好。事实上很多年轻父母,由于外出务工,身边没有老人,又缺乏养育孩子的经验,正好也有这方面的需求。如果社区能够为退休老人提供这些平台,相信社区的氛围会非常和谐,邻里也能打成一片,年轻人有了"导师",老年人也不会闲得日夜打麻将。老年人能够充分发挥"余热",为社会贡献一些力量。

一、最美不过夕阳红——社会角色变换与适应

"老有所为"

"老有所为"是《中华人民共和国老年人权益保障法》中的一项内容,是党和政府在对老年人做出正确科学评价的基础上提出来的。它既可以缓解当前"人才奇缺"的问题,又可以充分利用老年人的智慧资源为社会的进步和发展服务,还有利于老年人的身心健康,更满足了老年人的奉献心理需求,而且还直接关系到老年人的身心健康和生活生命质量的提高。但是,在社会上,包括一些老年人都对此有种种不同的理解。老年人参与社会发展的"为",受到许多非议和排斥。其实,对老年人这种宝贵而丰富的人力资源,搁置不用是一种极大的浪费。

"老有所为"对于离退休老年人来说,存在能不能、做什么和做多少的问题,具有丰富的科学内涵。

（1）从"老有所为"的性质来看,它可以是有一定报酬的服务工作,也可以是纯义务性质的服务工作,还可以是各种各样自我服务性的劳动。

（2）从"老有所为"的服务对象来看,它可以是在原单位从事专业技术工作或行政工作或一般性的服务工作,也可以是在其他单位或外地从事服务工作,还可以是为自己的家庭和亲人从事各种自我服务性工作。

（3）从"老有所为"的时间长度来看,它可以是全天性8小时制的工作,也可以是半日制4小时的工作,还可以是"钟点工"或时间可长可短、有弹性的、自由安排的各种工作。

10. 为什么要提倡老年人在社会适应中的自助？

老年人退休后，会随着年龄的增长，日益体会到身体在逐渐衰退，行动逐渐变得不灵活，身体状况特别差的老人会越来越变得需要依靠别人对自己日常起居的精心照料。另一方面，老年人退休后日益感受到自己的记忆力、学习能力，以及扩大认识世界范围的能力在逐渐减弱。进入老年期后，老年人的生活不可避免地越来越需要其他人的帮助，需要借助别人来完成以前自己一个人也能胜任的任务。于是，老年人逐渐从主体角色过渡为依赖角色。即便如此，老年人依然要学会在社会适应中自助，以应对生活中可能出现的各种问题。

也许有老年人说，我天天烦得要命，理不出头绪；或者说，我老是在担心，焦虑重重，又不知如何是好。为了有助于老年人的社会生活更加舒适高效，这里为老年人提供适应社会的自助三部曲。

第一步：鉴别自己的情绪状态，并向自己说"停"。处于社会适应不良中的老年人，肯定会有情绪的困扰。不管社会适应的强弱与否，这时要做的第一步，就是先给自己的情绪反应下一个定义：它是焦虑、恐惧、沮丧、悲哀、焦躁、讨厌、失望、气愤、兴奋……或者是集中情绪的排列组合，不论是什么，请尽可能把它写下来，然后，请大声地对自己说"停"，告诉自己："我已经受够了这些不良情绪的困扰，现在是该向它们告别的时候了。"

第二步：按强弱逐一详细列出社会适应不良的事件。是什么事情使自己产生这些不良情绪困扰？可能一下子说不清楚，但没有关系。使情绪受到困扰的事情可能很多、也很复杂,可以简单化地总结一下,只要说出是什么方面的问题就可以,给自己找到一个清晰的答案。比如,是因为儿女不和、家庭不睦、对自己不满、老伴误解、经济压力、疾病困扰……也许原因是多方面的,那么请把这些问题按影响程度排个顺序。

第三步:找到解决的方法。当明白问题的症结所在,自然会着手想办法解决这些困扰自己的社会适应不良事件。在解决问题时,别忘了问题常常不是一个人就能解决好的,老年人要学会向家人或朋友寻求帮助。

> 如果老年人在社会适应的过程中,一切问题都要依赖别人代劳,会逐渐地失去对生活的控制感,面对不断出现的新问题,更容易不知所措,感到无能为力。正所谓"解铃还需系铃人",旁人可以提供帮助,但是不能解决根本问题,只有老年人自己才能进行真正有效的社会适应,在不断的适应中才可能学习到如何更好地适应将来的生活。调动老年人自身的应对资源,使老年人学会在别人的支持下自己去应对,学会在老年生活的社会适应中多多自助。

思想家罗素说:

"一个人的生命历程应该像一条河——开始涓涓细流,在狭窄的堤岸间行进,冲过岩石,跳过瀑布;其后水量变大,堤岸后退,流速湍急;最后,水天一色,汇入大海,毫无痛苦地逝去自我之躯。人到老年,看到自己的生命历程能像这条河一样,他就不会惧怕死亡,因为他所挂念的事情会延续。而且,精力衰竭、疲倦不堪、永久的休息也是令人神往的。虽然我眼下还能勉强干些事,我却并不十分讨厌长眠,因为我知道他人将会接过我所不能干下去的事情,而且我对我所能够并且已经完成的工作也心感满意。"

二、山雨欲来风满楼
——情绪修炼及性格养成

11. 为什么要喜怒形于「色」？

生活不可能一帆风顺，每个人都难免会受到不良情绪的刺激和伤害，轻者影响人的正常生活，重者则严重影响人的身心健康。情绪调适，最重要的是学会自己消释和克服不良情绪，从而最大限度地减轻不良情绪的消极影响。不良情绪之所以能危害身体，主要是因为它能刺激体内器官，产生出能量。强烈的情绪突发时，人的机体处在高度兴奋的"应激状态"。这时体内激增的能量如不能得到及时发泄，便会危害身体。因此，人的不良情绪要寻求"吐"的方法和地方，如同地震，能量释放出来了，也就平静了。

不良情绪已经产生了怎么办？有人认为最好的办法是克制自己的情感，不让不良情绪流露出来，做到"喜怒不形于色"。这种说法对不对呢？情绪的丰富性是人的生动活泼性的主要内容，我们的生活，如果缺少丰富而生动的情绪，就会变得呆板而没有生气。如果大家都"喜怒不形于色"，就没有好恶，没有喜怒哀乐，那么，人就成了只会说话、有动作的机器人。因为有情感，才能产生人与人之间的交流，才会导致心灵的沟通。因此，强行压抑自己的感情，不是情绪的成熟，而是情绪的退化。它也不是正常人应有的情况，而是一种病态表现，是不可取的。

人的心理资源是有限的，当我们执着于那些缠人的念头时，当然就腾不出多余空间给更值得关注的事情，而当我们终于将这些恼人的心绪一吐为快时，心中会顿觉豁然开朗，阳光也会洒落进来。因此，老年人有了不良情绪时，要学会向亲朋好友倾诉，将烦恼尽情地诉说出来。一个人如果有事总窝在心里，老是生闷气，时间长了聚集到一定程度就会"憋"出病来。相反，把憋在心里的话或事淋漓尽致地诉说出来以后,就会觉得精神上轻松许多,有一种如释重负之感。俗话说:"心中有事,一吐为快。"老年人要及时把心中的不良情绪宣泄出去,走出心理的阴影。

在生活中,老年人有时会碰到这样的情况,有的话可以直接向亲朋好友诉说,有的话则由于某种特殊原因不便向他人诉说或者不宜公开,而自己又特想说一说,碰到这种时候怎么办呢?老年人可以借助于写日记,即将心中的不愉快通过写日记这种形式发泄出来。也许有老年人曾经有过这样的体会,翻看自己早年的日记时,不禁哑然失笑,觉得有些感受非常幼稚,但我们却不能看轻那些诉诸笔头的畅快,因为在老年人不愿意将自己的事情告诉别人、憋在心中又很难过时,诉诸笔头既达到了宣泄的目的,又可以保守自己的秘密,还可以提高自己的写作能力,岂不是一举三得的好办法!

哭哭更健康

老年人悲痛欲绝的时候,不妨也像孩子一样痛痛快快地大哭一场。哭,是释放积聚的能量、调整机体平衡的一种很重要的宣泄方式。研究发现,女性比男性长寿的一个重要原因就是女性会哭,当心中有悲伤、有烦恼时,女性常常会用哭的方式来抚慰心中的创伤。哭不仅能够把心中的郁闷通过声音、眼泪和表情释放出来,还能把由委屈和不幸在身体中产生的有害物质通过眼泪排泄出去,从而达到调节情绪、维护心理平衡的作用。所以,老年人为了自己的健康长寿,该哭的时候,尽可能让自己淋漓尽致地大哭一场。

二、山雨欲来风满楼——情绪修炼及性格养成

12. 为什么老年人情绪容易起伏？

有的老年人每天都活得很累，吃饭时老伴炒的菜淡了点，凉的半杯茶被儿女喝了，早晨锻炼时闹了一个笑话，和一起活动的老人吵了几句嘴，本来都是"区区小事，不足挂齿"，可有的老人就是喜欢把"针鼻当磨盘"，一点点小事就把自己搞得烦躁不安、郁闷不堪。这时，老年人如果能换一种眼光看问题，提醒自己这只不过是生活中最无足轻重的插曲，不值得把精力、时间都消耗在这上面，更不值得为了争一口气，赔上自己愉快、闲适的好心情；豁达一点，心胸开阔一点，生活便可以过得潇洒起来。

不稳定情绪的产生总是有原因的。退休后的老年人容易产生孤独感、失落感、忧郁和焦虑等消极情绪，老年人不仅要看到这些不稳定情绪对自身的危害，更要清楚地认识到，这些情绪的产生并非空穴来风，要从不稳定情绪产生的原因入手，在力所能及的范围内尽力避免受到不良情绪的侵害。一般来讲，老年人不稳定情绪的产生既有生理因素，又有社会因素。

其一是生理原因。进入老年期，人的中枢神经系统有过度活动的倾向和较高的唤起水平，植物性神经系统也开始衰退，所以老年人的情绪体验比一般人要来得强烈。就情绪体验的持续时间来说，由于老年人中枢神经系统内发生的变化以及内稳态的调整能力下降，老年人的情绪一旦被激发，就不太容易恢复平静，要花较长的时间才能复原。此外，随着健康水平的下降，健康的丧失成为老年人所要面对的主要应激源之一，容易使老年人产生忧郁、焦虑和恐惧等不稳定情绪。

其二是社会心理原因。老年人由于退休后离开了原本忙碌的工作环境，再也没法和老同事们共同活动，使老年人原有的社会人际关系不复存在；自己一手带大，曾与自己朝夕相处、甘苦同当的儿女，也一个一个成家立业、自立门户，甚至也已经为人父母，这些使老人们再难以像过去那样日日在家享受天伦之乐。这些人际关系的丧失很容易让老年人内心感受到寂寞失落，从而导致孤独、忧郁等消极情绪。再加上要面临退休后对养老新环境的适应问题，面对全新的人际关系调整好自己，这对老年人来说并非易事，会使很多老年人的情绪产生波动。退休后大多数老年人空闲时间增多，如果平日的生活过于单调，缺乏生活情趣和文娱爱好，又不注意丰富日常生活，就会觉得生活没味，在心理上无所寄托、精神空虚。

小贴士

情绪催化剂

我们常常将情绪比作人类身心活动的催化剂，因为好的情绪可以增强我们从事一项活动的乐趣，坏的情绪则可使我们活动的乐趣消灭殆尽。普拉斯说过，"乐观的人，在每一次忧患中，都能看到一个机会；而悲观的人，则在每个机会中，都看到某种忧患"。从某种程度上讲，我们的心情以及对待事情的态度，确实会使事情发展的方向发生截然不同的改变。《黄帝内经》中写道："百病皆于生气"，"喜怒不节则伤脏，脏伤则病起"，所以不良情绪对人体的危害是很大的。如果一个老年人整日陷于不良情绪而不能自拔，那么他的身心平衡系统就会被破坏，以致无法领略生活中的美，空自蹉跎岁月。

二、山雨欲来风满楼——情绪修炼及性格养成

13. 为什么老年人会固执己见？

老年人随着年龄增大，对于先前形成的观念、习惯、作风有保守倾向。他们一方面保持优良的传统习惯与作风，另一方面也容易被陈腐的条条框框所束缚。老年人一般都十分维护自己所认定的看法，为了坚持自己的观点，有些老年人甚至常常表现得固执和执拗。但是，当老年人认识到自己的见解已经过时、观点确实错了的时候，往往也会毫不犹豫地服从真理，这时老年人对于新事物的热忱丝毫不比年轻人差。

经过几十年的漫长生活，老年人逐渐形成的对外界事物的态度已经比较固定，他们对自己的看法也相当固定，形成了一套比较模式化的行为方式。这时，老年人的心理开始有闭锁的倾向，对于新的东西不容易接受，变得固执起来。因此，老年人需要努力保持心理上的随和性和开放性，这样有利于适应老年期的生活。

不良情绪也会使人理智失常，甚至产生行为偏差。心理学的许多研究都表明，一个被极度愤怒或恐惧情绪控制的人，往往会出现意识范围狭隘、判断能力减弱、失去理智和自我控制能力的情况，常会产生某些在情绪平静状态下不会出现的言行举止。比如，有的老年人会被嫉妒所扰，看到别的老年人生活条件比自己好，或是别的老年人有更多的人关心，由此产生报复心理，甚至付诸行动，通过损害他人利益以消心头的怒气。

情绪也能改变一个人的处事态度和待人接物的方式。平时和气待人的老年人，在其心情烦躁时，会变得粗声粗气、容易动怒、好发脾气或不讲道理。原本开朗热情的老年人，如果处在巨

大的忧伤或是悲痛之中,也会变得郁郁寡欢、性情孤僻,对周围的人和事物不闻不问。因此,我们要学会控制、调节情绪,甩开不良情绪的包袱,开心拥抱每一天。

三个"忘记"

日本老人的长寿经验中有三个忘记:

(1) 忘记死亡,可以摆脱恐惧死亡的困扰;

(2) 忘记钱财,可从钱财的桎梏中解放出来;

(3) 忘记子孙,可卸去为子孙操劳的精神负担。

心理学家劝导老年人"千万不要回顾过去",就是说老年人不能依靠幻觉生活,沉湎于遗憾、后悔、感伤之中,只朝后看,而不朝前看。但如果一味地迷恋过去,让自己的生活尽是对昔日美好生活的回忆和眷恋,这种心态同样毫无益处,只会活得很累很累。

二、山雨欲来风满楼——情绪修炼及性格养成

14. 为什么老年人会产生怕孤独心理？

"空虚寂寞冷"不知何时成了流行词，每天要学习或者工作的青年们都会空虚孤独，更何况退休在家的老人。由于退休，老年人每天都有大量的空余时间，空虚寂寞感也就随之而来。马年春晚一首《时间都去哪儿了》不知让多少中国人的心为之颤动。时光让老年人失去年轻时的精力，老年人担心病痛的折磨，但更害怕内心的孤独。

中国科学院心理研究所老年心理研究中心主任李娟指出，老年人的孤独源自他们各方面能力衰退后引发的不安全感。一方面，由于身体状况的日益衰弱，老年人每天的活动范围日益受限，生理层面的不便让他们与外界交流减少，孤独感油然而生；另一方面，有些老年人喜欢回忆往事，留恋以往热闹的工作场面，留恋与子女在一起愉快的天伦之乐，强烈的反差与对比会让他们感到空虚失落，缺乏生活的乐趣；此外，老年人心中常有许多话想跟人谈谈，却时常找不到谈心的伙伴，这也是孤独感产生的原因之一。

老年期是"丧失的时期"，产生的孤独感会严重影响身心健康，必须采取有效的措施来克服。

首先，要对退休后的生活抱有现实的积极态度。坦然接受生老病死，对儿女的陪伴不要过分苛求，保持心理的平衡，学会关心、宽慰自己，不在情感上过分依赖他人，学会自得其乐。

其次，尽力充实自己的养老生活。根据自己的特长和爱好，选择适宜的活动项目或重拾往日的兴趣爱好；有条件的话定期外出旅行游玩，欣赏秀丽江山的同时也锻炼身体、增加人际互动；养养宠物，种植花草，陶冶情操；偶尔约几个"牌友"打打牌，也是不错的娱乐休闲方式。

再次，增加人际交往的机会。不做"宅男"和"宅女"，走出家门，积极参加各种各样的社会活动，增加与他人的交往。

总而言之，老年朋友不孤独，活好当下理在先，携手互勉向前进，力把孤独甩后边。

二、山雨欲来风满楼——情绪修炼及性格养成

小知识

警惕"空巢"现象

有数据表明，42%的老人平时仅在家门口活动，67%的老人全年足不出户。年轻人离开家庭踏上社会，老年人告别社会重返家庭，老年人显得"孤苦伶仃"，他们一旦感受到"空巢"的孤独，心理或情感的支持系统往往趋于脆弱。老年伴病者更易对自身的价值表示怀疑，甚至产生抑郁、绝望的情绪，认为自己上了年纪就只能一步步迈向坟墓，重者还快速加入老年性痴呆的行列。

2011年1月5日，《老年法（草案）》"出炉"，强调给予老年人更多精神关怀，子女"常回家看看"被写入法律。除了法律的保障，老年人自身也可以战胜"空巢"孤独感。一方面，减轻对子女的心理依恋，新时代重任需要年轻人担当；另一方面，充实新的生活内容，探寻家门内外各种消闲自娱之道（养花逗鸟、走亲访友等），优哉游哉、身心怡然。

15. 为什么老年人特别容易焦虑紧张？

人到老年，可能变得敏感、焦虑、易紧张。焦虑是一种人类的基本情绪，是个体在面临对自身会形成某种威胁的客观事物时，因自感无能为力而产生的一种情绪。形成威胁的客观事物可能是现实存在的，也可能是预计会出现的。在应激面前适度的焦虑可以充分地调动身体各脏器的机能，提高大脑的反应速度和警觉性；而过度焦虑会影响正常的睡眠、饮食、人际交往等，使人惶惶不可终日。

引发焦虑的原因有很多，老年人对自己的身体和健康状况十分关注，会因为恐惧疾病和死亡而产生焦虑；退休后收入减少，经济的窘迫也会使老年人产生焦虑；老年人担心自尊心受到损伤时也会产生焦虑。

那么如何消除焦虑紧张的情绪呢？给你支两个小妙招：

（1）学会积极暗示。心理学研究发现，焦虑是一种没有特定对象的恐惧，但这并不代表焦虑是没有原因的。弄清焦虑的原因后，不妨学着多往好的方面想，用积极的暗示让自己尽力摆脱不安的"心病"，"愁一愁白了头，笑一笑十年少"，凡事要想得开。

（2）学会放松运动。焦虑时人的植物神经系统高度兴奋，可以从事一些放松运动抑制植物神经系统的兴奋，达到缓解焦虑的目的。比如，打打太极拳，去公园散散步，听轻音乐，平时多做深呼吸练习等。这些活动既修身养性，又可防止焦虑的"侵犯"，有益身心。

笑一笑十年少

二、山雨欲来风满楼——情绪修炼及性格养成

小知识

放松训练程序

（1）练习者以舒适的姿势靠在沙发或躺椅上。

（2）闭目。

（3）将注意力集中到头部，咬紧牙关，使两边面颊感到很紧，然后再将牙关松开，咬牙的肌肉就会产生松弛感。逐次一一将头部各肌肉都放松下来。

（4）把注意力转移到颈部，先尽量使脖子的肌肉弄得很紧张，感到酸、痛、紧，然后把脖子的肌肉全部放松，觉得轻松为度。

（5）将注意力集中到两手上，用力紧握，直至手发麻、酸痛时止，然后两手开始逐渐松开，放置到自己觉得舒服的位置，并保持松软状态。

（6）把注意力指向胸部，开始深吸气，憋一两分钟，缓缓把气吐出来；再吸气，反复几次，让胸部感觉松畅。

依此类推，将注意力集中于肩部、腹部、腿部，逐次放松。最终，全身松弛处于轻松状态，保持一两分钟。按照此法学会如何使全身肌肉都放松，并记住放松程序。每日照此操作两遍，持之以恒，必会使心情及身体获得轻松，睡前做一遍则有利于入眠。

16. 为什么老年人经常容易疑心重重？

多疑是老年人特别常见的心态之一。我国发展心理学家林崇德教授在其《发展心理学》一书中提出，退休后老年人性格特征和行为特点之一就是疑虑感增长。南非的心理学家卡芬通过研究也提出，随着年龄增长，老年人的猜疑心、忌妒心会加重。

根据医学、心理学等领域的相关研究，老年人多疑可从生理、心理、社会交往三个方面给予解释。

首先，在生理方面，老年阶段各项感知觉功能衰退，难以及时、准确地把握周围的世界，因而很多时候靠猜测来认知世界和决定行为。有些老年人还常常把躯体化的老年症状当作得了什么严重的疾病，这也是他们疑心重重的重要影响因素。

其次，在心理方面，由于退休，老年人无法从工作中获得自我价值感，失去了可控制感，各种疑虑也随之产生。此外，随着年龄的增长，有些老年人也会变得比较以自我为中心，总是持有自我保护的态度，遇事会首先维护自己的利益，且总是疑心别人可能会做出对自己不利的事情。

最后，老年人退休后社会角色也会产生相应的变化。突如其来的悠闲生活反而会产生情绪不安、悲伤失望以及乏味无聊、精神萎靡等症状，甚至会觉得这个世界已不再属于自己，开始怀疑自身的价值和能力。因为疑心重，在与别人的交往中往往先主观上认定人家对自己有意见，然后在双方的交流和沟通中寻找证据，从而陷入恶性循环。

那么，如何克服"疑心病"呢？

二、山雨欲来风满楼——情绪修炼及性格养成

第一，保持清醒头脑。对人对事保持冷静、客观的态度观察、分析和思考问题，消除消极的自我暗示，防止先入为主的假定产生心理定势。

第二，把疑虑倾诉给朋友、家人。人们常说："朋友是最好的心理医生。"老年人难免会遇到一些不愉快的事，常对知音好友宣泄郁闷，互相安慰，有助于心情舒畅，能对保持心理平衡起到重要的作用。遇到自己解不开的疑心疙瘩，不妨直接告诉家人自己的感受，隐忍不发只会加重事态。

第三，积极参与社会生活，在充实的生活中找回自信。人越是清闲无聊，越容易生心病。应多参加力所能及的工作或社会活动，走出个人的狭隘天地，使精神生活充实，从而少生一些无谓的闲愁、无聊的疑虑。

17. 为什么会出现老年抑郁？

> "物化为泥，永寐黄泉，没酒、没弦、没歌伎，而且没明天。"

短短几个字的诗，负能量却满满，字里行间都表达了抑郁的心境，充满了对生活的绝望。美国心理协会指出，21世纪最大的杀手就是抑郁和焦虑。抑郁是人在面临不利环境和条件时产生的一种情绪抑制，它浸透和弥漫在人们的心绪之中，使人经常感到心境低落、充满沉重的精神压力和负担。老年抑郁是老年人群中极为常见的负性情绪，是影响老年人群心理健康水平的重要因素。目前国内研究报道中，老年抑郁发生率最高已达29.39%。可见老年性抑郁障碍已经成为影响老年人身心健康的一种严重疾病。这种"顽疾"究竟从何而来？

首先，生理状态的改变。人到老年，任何人都无法抗拒各方面器官的老化和衰退，这严重影响老年人日常生活、与人交往等各方面的能力。对疾病的担心，老人患病后担心对子女造成经济或生活负担，这些心理都会导致抑郁情绪。

其次，心理状态的改变。离退休是人生的一次重大变动，对心理冲击很大。特别是对非自愿退休且业余爱好不广泛的老人而言，如果不能及时调整，可能会导致抑郁。

最后，生活状态的改变。在家的时间多了，家庭关系问题也渐渐显露。婆媳不和、配偶病重、丧偶等，都会引起情绪问题。此外，有些老人独处在家，孤身一人，生活不便，对后辈的思念、满腔的愁绪无处排放，"空巢家庭"同样会导致老年人抑郁的发生。

因此，全社会都应该关心老年人的精神生活，使他们得到关心、理解和尊重，减少抑郁症产生的心理土壤。老年人自己也应树立生活目标，心情愉快、满怀信心地生活；做自己乐意做又有质量的事，在愉快的活动中延缓衰老，益寿延年；坚持体育锻炼，增进身体健康，维持心理上的适度紧张；可以养花、养鱼、书写、绘画，也可以定时收听广播，还可以从事点有趣的体力劳动，充实生活，陶冶性情，调节神经系统，延缓衰老。

小知识

让音乐帮帮忙——音乐疗法

音乐作为艺术形式的一种，除了鼓舞和教育人们外，还有其特殊的作用——"音乐疗法"。音乐疗法是以心理治疗的理论和方法为基础，运用音乐特有的生理、心理效应，使求治者在音乐治疗师的共同参与下，通过各种专门设计的音乐行为，经历音乐体验，达到消除心理障碍、恢复或增进心身健康的目的。

有条件的老年人，可以为自己选取适当的音乐来帮助消除不良情绪的侵袭。忧郁烦恼时，听一些意境广阔、充满活力、轻松愉快的音乐，如《春江花月夜》、《渔舟唱晚》、《蓝色多瑙河》等；情绪浮躁时可以听听宁静清爽的音乐，如《小夜曲》、古筝演奏曲目；如果失眠，可以听《摇篮曲》、禅宗音乐等优雅宁静的乐曲。进行音乐调节时要注意选曲应适合自己的欣赏品味，在情绪不佳时根据自己的具体情况选择适合自己的曲目。

二、山雨欲来风满楼——情绪修炼及性格养成

18. 为什么有时别人稍有违逆就会怒从心头起？

人都有七情六欲，但由于平时学习和工作的繁忙，人们往往会忽略自己内心深处的感受。老年人则不同，退休后老年人有太多的时间来回忆曾经的日子，各种各样的感受也就随之即来。因此，对于进入晚年生活的老年人来说，就有一些不同于其他年龄阶段人们的不良情绪反应。

愤怒是一种极度的不满，表现为短暂强烈的情绪爆发，使人很快进入"应激状态"，引起血管、心脏等的亢奋，肌肉紧张，严重时神经系统会出现紊乱，危害人的身心健康。愤怒是老年人常见的不良情绪。生活中不乏人老了就脾气变坏、容易发怒的例子，多半是因为老年人生活圈子变小，而且年老多病，免不了会心烦意乱，容易发脾气。此外，老年人多半比较固执，看问题缺乏灵活的变通，他人稍有违逆就会"怒从心头起"。自从退休后，老年人感到自己常常被人忽视或得不到别人的肯定时，也容易产生愤怒。左拉曾说："愤怒永远是坏参谋。"的确，气大伤身，老年人如果被愤怒所驾驭，定会破坏晚年平和的心境，危害人身心健康，甚至伤及生命。因此，就算是为了自己的健康着想，老年人也要尽力使自己不要发怒，远离容易使自己发怒的刺激。一旦有了愤怒的情绪，就要注意为自己的怒气找一个适当的宣泄方式，以免郁结于心而致病，或引起自我伤害行为，即心理学上所谓的"怒气的自我投射"。

当不良情绪袭来，老年人一下子处于盛怒状态时，不妨强迫自己到花园去走一走，或干些轻体力活，如扫地、擦桌子，这样往往能有效地把盛怒激发出来、能量释放出来。待自己在身体上感到疲劳时，郁积在心中的怒气也会随之消失大半。

老年人不良情绪反应的疏导

（1）宣泄法。将心中的不满、委屈等各种不良情绪用说出来、哭出来、写出来等各种方式表达出来。

（2）转移法。适当转移注意力，离开那些令人难过、沮丧、焦虑的事情。

（3）升华法。从日常的生活中体味人生道理，看到不幸的事情的反面。

（4）幽默法。学会幽默，笑对人生。

（5）自我暗示法。借助于相关的语词或想象某种情境或事实的存在，来对自己施加影响，引起心理和生理某些相应的变化，从而改善精神状态的心理训练方法。

（6）调整期望值法。应该适当调整自己的期望值，什么事都想开一点，做到"知足常乐"，尽量享受拥有的每一个"今天"。

（7）遗忘法。可以选择遗忘，尽量不去想那些事情。

（8）助人为乐法。助人为快乐之本，帮助别人也是疏解不良情绪的妙方之一。

（9）儿女亲情法。面对老年人的不良情绪，子女以及老伴要合理进行疏导。

二、山雨欲来风满楼——情绪修炼及性格养成

19. 为什么性格会影响健康和寿命？

健康长寿是所有老年人的期盼。然而，生活中有些人能健康活到八九十岁甚至成为百岁寿星，有些人却走得匆匆忙忙。于是，有人便落入消极悲观的"宿命论"泥潭，认为生死由命，这是缺乏科学精神的。人的寿命受到遗传因素、生活环境、生活方式、后天养生等诸多方面的影响，其中性格也是一个重要因素。

我们谈到一个人的时候，免不了要谈到他的性格特征。比如说，老张开朗，小王内向……不同的人有不同的性格特点。总体来讲，性格没有绝对好坏之分，但有些性格的负面作用会大一点，有时甚至存在危害身体健康、影响寿命的可能。有研究者对我国一些长寿老人进行调查，发现长寿老人的性格大都是乐观开朗或者平静温和的，孤僻抑郁的极少。

目前国际上较为流行的一种分类，是把人的性格分为 A, B, C, D, E 五种类型。A 型又称为行为型。性格特点是争强好胜，喜怒无常，情绪不稳定，遇事容易急躁，外向型。B 型又称为一般型。性格特点是情绪较平稳，社会适应性较均衡，智力、体力表现一般，主观能动性较差。C 型又称为平稳型。性格特点是情绪稳定，社会适应性好，处事沉着、有条理，但不善交际，内向型。D 型又称为积极型。性格特点是积极主动，社会适应性一般，但善于交际，乐于助人，带有外向型的性格特点，有较强组织能力与管理才干。E 型又称为逃避型。性格特点是不爱交际，宁可独处，常沉浸在自己的内心世界中，有自己独特的兴趣、爱好，社会适应性差或一般。

心理学家弗里德曼等人在研究人的行为特征与冠心病的关系时，发现患冠心病的老年人大多具有 A 型性格特征。弗里德曼指出，这是因为 A 型性格的老年人面对生活事件时，不仅容易受应激影响，也容易因过度应激而出现身体外周小血管收缩，血压增高，心跳加快，心脏负担加重，血管痉挛，心肌缺血，从而使自己患高血压病和心脏病。因此，A 型性格又被称为冠心病性格。

另外，研究还发现，癌症也与性格有着密切的关系。根据美国霍普金医学院的托马斯教授对 1 337 名被调查者经过长达 18 年的观察后发现，性格内向、孤僻、抑郁的 C 型性格者最容易患癌症。其他老年病（如糖尿病、神经衰弱）也都和性格因素有关。因此不同的性格对人的健康长寿有不同的影响。

小贴士

更长寿的女性

敏感的人相对长寿。女性一般比男性敏感，这也是女性更长寿的一大原因，因为她们善于表达自己的情绪，遇到问题会寻求支持。英国格拉斯哥大学一项研究发现，如果男人具备一些女人特质，他们的生活压力会相对较低，患心脏病的可能性也减少。这可能是因为这类男士更易跟别人谈论自己的感受，并且会在需要时寻求帮助，而不是自己默默硬撑，身体不舒服时也会向医生求助。不过，倾诉应掌握一个度，可承受的事情就先自我化解，不要什么都倾诉，整天在抱怨。

二、山雨欲来风满楼——情绪修炼及性格养成

20. 为什么生活态度和性格因素会对社会交往产生影响?

在人际交往中性格因素有至关重要的作用。不良的性格特征容易给人以不良评价、不愉快的感受乃至一种危险感,从而影响人际交往;良好的性格特征则会让人充满魅力,建立良好的人际关系。

心态和性格特点会影响到老年人对事物的看法,使老年人对生活事件做出不同的反应,从而影响其生活质量。比如,同样是上街时不小心被人弄脏了衣服,张爷爷可能只是说两句俏皮话打趣一下对方,就算了;李伯伯则可能是跳起来和对方争吵,回到家后仍然余气未消;刘婆婆却会觉得自己真是倒霉,心里难过好久。如果老年人有着像李伯伯、刘婆婆的消极性格特征,即冲动、暴躁、缺乏耐心、固执、多疑、过于内向、压抑情感、悲观等,那么面对生活事件时就容易失去心理平衡,使晚年生活失去乐趣。如果老年朋友能像张爷爷一样,有着积极的生活态度,有着大度、自信、直爽、宽容、冷静的性格特征,那么,面对生活事件时,也能机智而幽默地"化干戈为玉帛",既有利于自己的快乐生活,又有利于人际交往。

有人说:"江山易改,秉性难移。"一辈子都这样了,我怎么能有别样的心态、别样的性格呢?改不了了!其实,这并不是改变不了的。"难移"绝不代表"不能移",如果老年朋友能意识到良好的性格可以使人心平气和,给人以平易近人、和蔼可亲之感;能够意识到不良的性格带给自己的损害、带给他人的不适,那么一定会希望努力改变自己的不良性格。因此,老年朋友应尽量扬自己性格之长,避自己性格之短。只有这样,才会有和谐的人际关系,才能体验到晚年生活中的无限乐趣。

小知识

老年人的性格类型

（1）享受型。不愿再为他人贡献辛劳,只看着眼前,衣食住行处处都以尽情享乐为目的。

（2）积蓄型。几乎什么东西都喜欢积蓄一点,但并没有明确的积蓄目的,只是从积蓄中获得心理上的满足。

（3）操心型。事必躬亲,仿佛唯有自己的意见才最正确,生怕别人办事出差错,一生操劳。

（4）为人型。苛刻自己,舍己为人。过分勤俭节约,为别人解忧,为他人行善,为有难者解囊。以积德、报恩、施舍、同情为生活目的。

（5）发奋型。分分秒秒抓紧时间学习、做事、指导晚辈,利用一切方式参加社会活动。

（6）消遣型。不计较物质享受,不念他人恩恩怨怨,追求精神的安逸、恬静和轻松。

（7）寄托型。自己没有主见,一切喜欢由他人决定,以顺从、忍让、回避为主要特征。

（8）保重型。各种补品、药物、偏方、养生之道是生活的重心,期求延年益寿。

（9）虚无型。对生活冷眼旁观,听任天命,在乐观中夹着悲戚,在欢悦中裹着忧伤。

（10）绝望型。神经脆弱,多愁善感,在绝望里不能自拔。

二、山雨欲来风满楼——情绪修炼及性格养成

21. 为什么年轻时脾气好，年老了脾气会变得古怪？

小案例

倪爷爷最近有些烦恼，他说："我年轻时的脾气很好，很有耐心，现在不知为什么变成了急性子，一点小事就感到很生气，很容易与人产生矛盾甚至争吵起来。"

很多老年朋友都有类似于倪爷爷的困惑。研究表明，进入老年后，人的神经质水平会随年龄增长越来越高。此外，由于身体衰老以及认知能力的下降，老人会感觉自己不像从前那样一切尽在掌握之中，控制感不如年轻人。老年人在意识到身体和认知能力下降后，在生活中会变得更加谨慎以避开危险，这使他们显现出比较明显的神经质；同时，在社会交往中会变得挑剔，不再像原来那么外向和容易相处；而在文化生活和智力活动上，也不再像年轻时那么积极主动，开放性水平会降低。

老年人脾气古怪主要有以下几个因素引起：一是病态心理障碍。老年人往往把家庭中发生的微小事情看得过重，长期挂在心头，得不到及时排遣消除，内心郁闷烦躁。二是接受新鲜事物较少。老年人的大脑缺少应有刺激，神经系统的敏感力和反应力明显减退，大脑退化速度加快，思维能力下降。三是与周围环境格格不入。多种关系欠融洽，甚至处于脱节和紧张状态，自然而然地变成在实际生活中"不受欢迎的人"。四是自尊心作祟。老年人因其虚荣心和自尊心的驱使，与社会疏远，产生一种寂寞感、孤独感和失落感。五是家庭不和。家庭不和，与老伴分离，与后辈有

"代沟",得不到家庭成员的同情、理解和尊重。六是医学研究发现,老年男性的"怪脾气"还与高血压及脑动脉硬化等老年疾病有关。

由此可见,老年人"怪"脾气的产生,不仅有生理、病理方面的因素,也有心理方面的因素。因此,老年人首先要保持良好的心理状态,少烦神,莫生气,不乱发脾气。其次,应经常量血压,正确服用降压药保持血压稳定。最后,还可多参加各种力所能及的文体活动。家庭和社会也应为老年人的生活创造一个良好的环境,这样才有利于老年人修身养性,消除"怪"脾气,安度健康幸福的晚年。

二、山雨欲来风满楼——情绪修炼及性格养成

小贴士

老年人性格的变化

虽说"江山易改,本性难移",尤其老年人几十年形成的性格要想改变是一件很困难的事,但是性格并非与生俱来,在生活过程中性格发生变化并非不可能。有人就说过,性格的塑就从生到死,是一项永不停息的工程。大约从55岁开始,人的性格开始向两极老化,一些老年人变得固执己见,急躁易怒,孤僻自大,叫做"强化";有些老年人则变得言无定见,行无定律,自卑自弃,叫做"弱化"。尤其在衰老较快的老年人身上,我们可以发现他们的性格变化很大,原本安静内向的变得孤僻,

不愿与人交往；原本自信心强的变得固执、倔强；原来做事认真的变得好钻牛角尖、斤斤计较；原本细心的变得疑心很重；原本练达的变得稍遇挫折就烦躁不安。

当然，每个老人的变化不尽相同，但从行为、情绪的变化上来看，进入老年期，老人们大都有一些相似的感受和相近的行为。

三、家有一老，如有一宝
——家庭生活与人际关系

22. 为什么老年夫妻也需要心理磨合？

也许大家会认为，老年夫妻经过了几十年风风雨雨，关系一定不错，但调查结果表明情况并非如此。哈尔滨市社会科学所曾经对全市离休干部做了一次抽样调查，发现在老年夫妻中偶有口角和经常争吵的比例高达13.7%。对于老年人来说，仍然存在着如何处理好夫妻关系的问题。

有些老年夫妻退休前感情很好，退休之后反而经常产生摩擦，导致感情疏远。这是因为退休后老年夫妻共同相处的时间增多，接触的频率也增多了。人与人的交往时间增加，一方面可以促进双方的相互了解，另一方面也更加容易产生矛盾。老年夫妻退休后，随着相处时间的增加，双方都会更加注意到对方的缺点。有些老人由于空闲时间多了，开始关心以前并不关心的事情，这时就会发现老伴哪都做得不好，摩擦和争吵由此产生。另一方面，退休后老两口会觉得很不适应，两人每天除了吃饭睡觉外，其他的活动变少，而烦琐的家务又使生活变得劳累而单调，让有些老年人感到乏味。同时由于生理、心理的老化，容易使老年人体验沮丧、烦躁、忧郁、多疑、激动、易怒等情绪，从而也易引发夫妻间的争吵。

老年夫妻应做到以下几点来调适和深化夫妻感情。第一，相互尊敬，相互欣赏。相互尊敬，才能不断产生良性的心理反馈，使夫妻间感情不断深化。第二，切忌喋喋不休地唠叨和抱怨。进入老年期后，大多数人变得不耐烦、话多。所以一方面要体谅老伴因为年岁渐长而造成的性格变化，另一方面也要注意控制自己，切忌喋喋不休。第三，给予老伴一定的自由和空间。每个人都是一个独立的个体,都需要一定的自我空间,老年夫妻应该在相互关心的同时给予对方一定的自由和空间。第四,关心老伴所关心的,表现出对老伴的爱。了解并且去留意老伴所关心的事情,可以使老伴体会到你的感情并给予一定的回应,夫妻之情就在这种你来我往中不断地深化。

小贴士

老年夫妻解决争端的艺术

(1) 争吵时注意原则与分寸。作为老年夫妻,争吵时特别要注意原则与分寸问题:不要攻击老伴的要害,不揭老伴的旧伤疤;争吵时应就事论事,不可任意扩大;争吵时动口不动手,尽量不在睡前争吵。

(2) 矛盾刚发生要冷处理。夫妻之间有矛盾时,一方发火,另一方最好的方法就是避其锋芒,作出让步。等到老伴冷静下来后再动之以情、晓之以理,问题就不难解决了。

(3) 请儿女帮帮忙。中国素有"养儿防老"之说,当老年夫妻产生矛盾或误解、彼此难以调和时,子女善解人意的疏导常常可以发挥奇妙的作用。

三、家有一老,如有一宝——家庭生活与人际关系

23. 为什么失去老伴后要注意心理调适并提倡再婚？

"少年丧父，中年丧子，老年丧偶"是人生的三大悲剧，失去老伴对于老年人来说是一个巨大的打击。因为人到老年，儿女们相继离开老年父母各自建立自己的小家庭，同时退休使老年人远离原来的同事关系，老年人的社会性需求也逐渐变得强烈，此时此刻身边的老伴就有着不可忽视的重要意义。相伴几十载的老伴在最被需要的时候离去，不可避免地会使老年人产生一系列负性心理变化。

居丧老年人在失去老伴后，重新协调好家庭人际关系是非常重要的。居丧老年人家庭人际关系的协调，主要表现在使失去老伴的老年人尽快建立起新的依恋关系，这种依恋关系的建立有多种形式，比如有的老年人帮助子女照看下一代，从而与孙辈建立起依恋关系。但对许多居丧老年人来说，建立新的依恋关系的最佳方式是寻找一个新的老伴。对于很多失去老伴的老年人来说，再婚是一个合适的选择。因为人到老年会有一种"返老还童"的心理表现，怕孤独，好结伴，强烈地需要人际交往和感情交流，而这种生活和情感上的相互扶持和交流，只有在夫妻之间才可能存在。两个同样失去老伴又渴望安慰的老年人走到一起，正可以满足彼此的需要，彼此相依相伴，共同走过美好的黄昏时光。所以，再婚对于居丧老年人重新开始新生活，有着重要的意义。

心理学研究表明，人到老年容易产生孤独寂寞感，感情上比较敏感脆弱，居丧老年人更是如此。而且随着年龄的增长，老年人的应变能力也日益下降，有一个知心的老伴陪伴左右，有利于老年人的身心健康、延年益寿。因此，居丧老年人再婚、重新组建家庭，对其晚年生活有不可忽视的积极作用。

三、家有一老，如有一宝——家庭生活与人际关系

小贴士

再婚老年人夫妻关系的调整

（1）相互尊重，宽容对待对方。老年人再婚一般不会像年轻人一样经历很长时间的恋爱，大部分老年人都是出于找一个伴儿的想法，经过短时间的了解觉得比较合适就决定结婚。因而，再婚后的老年夫妻生活在一起后会发现对方有很多特点和习惯是自己不了解甚至很难接受的，这个时候就更加需要夫妻之间相互的宽容、理解和磨合。

（2）相互信任。再婚的老年人之间一定要相互信任，既然选择了与对方共同度过后半生，就应该把对方当成最贴心的人，真诚以待。缺乏信任是无法造就幸福美满婚姻的。

（3）正确对待对方以前的老伴。有些老年人在再婚生活中，仍然无法忘怀以前的老伴，会自觉或不自觉地把现在的老伴与逝去的老伴进行比较。同时，再婚老年人也应该尊重对方对以前老伴的牵挂和思念。再婚后的老年朋友应该尽量避免这种情况，在婚姻生活中必须注意理智地看问题、客观地对待现在的老伴，有什么问题就解决什么问题，不要把矛盾扩大，特别是不要进行"外露"的比较。

24. 为什么老年人要及时与儿女沟通？

在现代社会，社会养老保障体系的发展已经初具规模，大部分老年人都不再担心年老之后的温饱问题，老年朋友仍然希望自己的儿女能够孝顺，自己与儿女之间能够没有隔阂、和睦相处。老年人更加渴望的是与儿女之间的亲情，这是一种精神需求的满足。但老年人和子女之间常常因为代沟在相处时会产生矛盾。所以，与子女之间的及时沟通，是老年人晚年幸福的一大保障。

代沟不仅是中国，也是世界各国普遍存在的现象。老年人感到与青年人缺乏共同语言，青年人感到老年人不能理解他们。这是由于不同年龄的人经历不同时代的社会变迁、经济发展过程和文化演变，对社会生活各方面有不同看法，形成反差，造成代沟。

代际关系处理不好会给家庭带来不愉快，甚至带来麻烦。针对两代人的种种差异，不仅子女要包容理解父母，父母有问题也要及时和儿女沟通，不能只是单方面克服，才能及早发现和解决问题。沟通是最有效的情感交流方式，它不仅会给老年人带来好心情，而且在好心情的带动下，老年人的身体也会日趋健康。比如，老人认为小病扛扛就好了，子女可能会建议体检，做到有问题早发现、早预防。老年人在沟通中也要理解年轻人的心思，一般用不着过问所有的事情。父母是长辈，也应该成为儿女的朋友，切忌天天唠叨。在聊家常或谈工作的时候要以平等的身份，不要高高在上，让儿女们感到压迫。

天下没有哪个父母不爱自己的孩子，天下也没有哪个孩子不爱自己的父母。所谓的矛盾与不满，大多是父母误会了孩子，孩

子错误领会了父母的本意。只要经常坐在一起耐心沟通,父母与孩子之间,永远存留的都将是爱。因此,只有多多和子女沟通,多为对方考虑,家庭关系才能融洽和谐,晚年生活才能幸福美满。

小贴士

老年人与子女相处的艺术

(1) 平等民主。作为老年人,在家庭中要"一碗水端平",平等对待儿女,不要偏心。

(2) 尊重儿女。尊重儿女,尊重他们的选择,尊重他们的人格,不能因为自己是父母就为所欲为。遇到大事时,扶持他们,但不要成为他们的命运的主宰,把主权交给儿女。即使儿女有错,对他们的批评和教育也要讲科学,要保持他们的尊严,了解清楚后再说教,不要总以自己的经验来框套孩子们。

(3) 转变观念。老年人自己也要学习新的知识,更新观念,不要一味地疼爱孩子,也该疼爱自己。树立自主意识,减轻对子女的负担,让自己的心情开朗一些,胸襟豁达一些。

三、家有一老,如有一宝——家庭生活与人际关系

25. 为什么不要干涉已婚子女的家庭生活？

老人"越俎代庖"的行为在年轻人的婚姻生活中越来越突出，许多老人插手晚辈的婚姻生活，使小夫妻们成为没有"咬断脐带"的一代。有报道称，一位岳母甚至给女婿规定了小夫妻每星期性生活的次数和方式，这让女婿十分接受不了，进而提出离婚。

作父母疼爱子女无可厚非，但是过分关爱、过度干涉和介入子女家庭生活，将会导致家庭矛盾产生和扩大。一方面，父母在处理子女问题时，难免会偏心自己的子女，这种"偏心"往往会加重事态发展；另一方面，两代人的价值观念存在一定差异，在很多问题上也会产生分歧，干预过多，反而会让子女觉得太啰嗦、太专制，进而影响父母与子女之间的感情。

父母都希望子女过得幸福，这是人之常情，如果想让子女生活美满，就不应该干涉过多，应该让小夫妻自主处理生活中的各种问题。

首先，遇到子女家庭闹矛盾时不要掺和，保持中立的态度，子女寻求帮助时才给予指导，在子女婚姻中应该起到维护子女婚姻、促进家庭和谐的作用。

其次，切忌专断。遇事不要"一刀切"，没了解情况就不要轻易下定论；给子女多一些理解，尊重他们的生活方式、为人处事方式。凡事放宽心，多宽容。

最后，公平公正。万不得已需要参与子女的家务事时，一定要平等对待子女，不要偏心亲儿子或亲女儿，尽量做到对自己的孩子严格一些、对对方要宽容一些。

> 子女长大成人,有了自己的生活,也有自己处理问题的能力,做父母的不妨相信自己的儿女,让他们自己经营生活,而自己呢,好好经营自己的婚姻和晚年,操了大半辈子的心,也让自己颐养天年享受一番。"世界那么大,老了去看看!"

小知识

人际距离

美国人类学家爱德华·霍尔把人际距离分为亲密的、个人的、社会的和公众的四种。

(1) 父母与子女之间、爱人之间、夫妻之间的距离是亲密距离,约45厘米,可以感觉到对方的体温、气味、呼吸。

(2) 个人距离指朋友之间的距离,大约是45~120厘米,这是人际间稍有分寸感的距离,较少直接的身体接触,但能够友好交谈,让彼此感到亲密的气息。一般说来只有熟人和朋友才能进入这个距离。

(3) 社交距离是认识的人之间的距离,一般是120~360厘米,这是一种社交性或礼节上的人际距离。这种距离给人一种安全感,处在这种距离中的两人,既不会怕受到伤害,也不会觉得太生疏,可以友好交谈,多数交往发生在这个距离内。

(4) 公众距离指陌生人之间、上下级之间的距离,一般是360~450厘米,一般说来,演说者与听众之间的标准距离就是公众距离,还有明星与粉丝之间也是如此。这种距离能够让仰慕者更加喜欢偶像,既不会遥不可及,又能够保持神秘感。

三、家有一老,如有一宝——家庭生活与人际关系

26. 为什么会有"隔代亲"现象？

当今家庭有不少儿童与祖辈关系密切而与父母相对疏远，这种祖辈对孙辈超乎对子辈的感情，俗称"隔代亲"。隔代亲现象仅用血缘关系解释不够，其中还有心理原因。

孙辈犹如旭日东升，祖辈恰似夕阳余辉，他们之间有相同性，更有互补性，俗话所说的"老小孩"和"小大人"，就体现出隔代人的相同之处。

祖孙在一起，幼者受到爱抚，长者得到欢乐，他们之间互相补充了中间一代人由于工作家务繁忙而留下的时间空白及遗缺，这也是形成"隔代亲"的一个重要原因。

由于年龄关系，父子辈在生活观念等问题上更多具有自己的主张而易产生隔阂、矛盾，甚至冲突；而祖孙辈同样由于年龄关系而互不设防、更易亲近，这无疑也是形成"隔代亲"的重要因素。

所谓老年人的"隔代亲"，本质上更多的是老对小的情感依恋。很多老年人在儿女年少时因忙于工作等未能顾及，而现在有闲暇时间时，潜在的"爱幼"心理自然会在孙辈身上尽情释放；孙辈代表天真和纯洁，而成人世界充满竞争与挑战，甚至还有欺骗与陷阱，失去社会竞争力的老年人渴望多多接触孙辈；孙辈代表着生命和活力，一个只有老年人和成人的家庭往往死板或严肃，淘气的孙辈虽然需要照料，但是童稚也带来非常多的快乐；孙辈行动活跃、勤于思考，老年人与充满想象力、创造力和生命力孙辈相处时，会随着他们的活动而锻炼身体，也会随着他们的思考而运作头脑，以致忘却心中的烦忧，延缓身心的衰老；老年人的儿女们大多忙于工作等，没有多少时间陪伴老人；而孙辈有更多的时间在老人身边做伴，能宽慰和解除老年人的寂寞和孤独，甚至焕发起老年人尚未泯灭的"童心"。

由于"隔代亲"的原因，祖辈成为孙辈道德行为早期教育的启蒙老师。日常生活中的一言一行、接人待物等，都对孙辈耳濡目染、潜移默化。祖辈多数已退休在家，具有年轻父母无法拥有的时间、精力和耐心，更容易与孙辈建立和谐、融洽的关系。祖辈还有着丰富的社会阅历和人生感悟，通过给孩子们述人生、授知识、谈感慨、叙亲情、论孝道、传礼仪等，对儿童的最初认知和对美与丑的感受、善与恶的判断，以及世界观、人生观、价值观的形成，都将产生很大影响，可以补充学校教育之不足。

小贴士

《康熙大帝》中孝庄太后的"隔代亲"

在生活上，康熙登基伊始就裁撤大批太监，使康熙从小习于俭朴。对穿衣、吃饭、站立、行走、说话这样的生活琐事，都要求康熙依照礼仪践行。

在品德上，孝庄教康熙"明治国之道，修明君之德"，要"宽裕慈人、温良恭敬，敬畏谨慎，勤政爱民"。

在教育上，孝庄请来魏成谟、济世等名家，教导康熙习学满汉文字，诵读儒家经典，并不忘祖宗尚武精神，勤于练武，多读兵书。

正是在孝庄的悉心培养和智慧调教下，康熙才成为开创"康乾盛世"的一代明君。

三、家有一老，如有一宝——家庭生活与人际关系

27. 为什么子女管教孩子时不要直接干预？

小案例

小何最近很苦恼，每次教育孩子时，孩子总是求助于爷爷奶奶，把爷爷奶奶做挡箭牌，做儿媳的碍于情面，又不能当面和公婆在对孩子的教育问题上起冲突，可孩子这样被宠下去、惯下去，也不是个事儿啊！

的确，计划生育政策实施以来，很多家庭的独生子女便成了家里的宝贝。父母管教孩子时，祖父母经常出口相劝，甚至还指责子女。如此直接干预子女管教孩子，真的是为了他们好吗？

家庭教育中，老年人对孙辈的教育有以下弱点：一方面，溺爱孙辈，对孙辈给予过多的宠爱和忍让，放纵他们的缺点和错误，孙辈的不合理要求也时常给予无原则满足，若再直接插手子女对孙辈的家庭教育，便严重影响了子女对孙辈的正面教育和引导。另一方面，性格固执，思想保守。许多老年人不能摆脱封建家长制作风，事无巨细一律要子女服从自己。子女对孙辈有自己的教育手段与方法，老年人的插足反而会影响老人与子女的关系，影响孙辈的成长发展。此外，老年人仍以老眼光看问题，缺乏对孙辈发散性思维和开创性精神的培养，与子女教育观念的分歧也会对孙辈产生负面影响。

因此子女在管教孩子时，可以适当干预，但切忌直接干预。很多隔辈老人缺乏育儿教育的科学知识，子女管教孩子时，完全护着孙辈，直接否定子女的教育方式，使很多家庭教育产生失误，造成老人与子女的隔阂，甚至发展成家庭教育的悲剧。因此，隔辈老人应学会科学地干预子女对孩子的管教，发挥在孙辈教育中的优势，避开在孙辈教育中的弱点。如果不想让孩子养成不良习惯,必须和子女达成一致的观念,有一人教育孩子时,其他人绝对不能在孩子面前说反对的话,哪怕不赞成现在的教育方法,也要等避开孩子以后再纠正,绝不能让孩子有一种无论他做什么都有人护着他的心理。

总之,隔辈教育已经成为中国当代家庭面临的社会问题,全社会都要重视老年人对孙辈的教育。

小知识

祖辈投资

进化心理学中有个术语"祖辈投资",又叫隔代投资,是指祖辈通过各种形式向孙辈投资时间、金钱、精力、情感等重要资源,从而促进孙辈生存和繁衍的一种社会现象。

研究发现,无论是在高生育率、高死亡率的传统社会,还是在低生育率、低死亡率的现代社会,许多祖辈的确会对孙辈进行各种投资,包括照料、陪伴、探望、资助等。在传统社会,祖辈投资的积极影响主要体现在他们的帮助能够增加女性的生育力,降低孙辈的死亡率。

现代社会婴儿的死亡率大幅下降,但祖辈投资对女性生育力依然存在积极影响。许多研究发现,祖辈对孙辈的照料能够增加孩子的父母未来生育后代的可能性。此外,祖辈投资作为社会压力的缓冲器,还能提升孙辈的幸福感,促进孙辈的社会适应。对于单亲家庭和继亲家庭的孙辈而言,祖辈投资更为重要。因此,即使在现代,祖辈在孙辈生命中都不是一个可有可无的角色,他们的支持和帮助依然影响着孙辈的发展和适应。

三、家有一老,如有一宝——家庭生活与人际关系

28. 为什么唠叨不停反而不被大家理解和重视？

老人，尤其是退休后从岗位上退下来的老年人，一般都喜欢讲述自己年轻时的成绩、荣誉与见闻，但他们并不记得自己已经说过，而总是将这些当成"新鲜事"不厌其烦地说给晚辈听。矛盾就这样产生，老年人恋旧、需要倾听者，年轻人嫌老人啰嗦、不耐烦。久而久之，年轻人与老年人之间的交流和沟通逐渐变少。另外，一些家庭中青壮年在外打工或做生意，与老人的交流必定十分有限，这也是双方对对方的心理了解少的原因。很多老年人会忽然变得牢骚满腹，这常常是因为老人们的需要总是不能得到满足，老人身边的亲人包括子女又往往不能理解，因此只能借助满腹的苦水倾倒出对人生的遗憾、失望和不满。碰到这种情况，老年人要尽量尝试与亲人和子女进行沟通，取得彼此间的理解。当然，老年人身边的亲人和子女也应该给予老人关怀与理解，及时帮助老人疏导其不良情感。

很多老年人到了一定岁数之后，就变得话特别多，而且总是一句话重复很多遍，有时候还会自言自语，很多年轻人都嫌老年人唠叨。老年人爱唠叨是怎么回事呢？这可能是身体或者精神的衰退引起的，归结下来主要有以下三个原因：

(1) 固执守旧。对过去的事情非常念旧的老年人比较爱唠叨，不断重提旧事好像是老年人都会有的情况，他们总是对过去的事情记忆深刻，对现在发生的事情却忘记得很快，所以他们总爱说过去发生的事情，喜欢说自己过去的经历，炫耀年轻时的本领，以及获得过的荣誉等。

(2) 精神老化。老年人有的时候过于自信，总把成年子女当作孩子看待,或是由于极力想维护自己的尊严,反复强调自己的主张,或是由于性格发生改变,喜欢责怪他人,这都是他们精神老化开始的迹象。

(3) 生理衰退。生理上特别是老年人大脑组织的衰退,容易引发老年人爱唠叨的毛病。他们首先是对最近发生事的记忆减退,表现为"前说后忘",明明已经说过的事但说了就忘,等什么时候想起来,又会再次叮咛或反复询问。

小贴士

唠叨的好处

老年人爱唠叨,有时候看来并不是件坏事,反而还会带来很多好处。

首先,老人唠叨的特点之一就是反复说同一件事,这有助于老人提高记忆力。

其次,老人说话越多,大脑越灵活。多说话可以刺激大脑细胞不断活跃并保持一定兴奋,有效推迟大脑的衰老进程,不易得老年痴呆。

第三,唠叨可以让人少生病,意义简单、琐碎的语言有助于老人释放压力和不安全感,潜在的抑郁都被语言释放出来,减少了导致疾病的不利因素。

此外,爱唠叨说明老人有主动和外界沟通的心态,十分健康。

所以,年轻人不要因老人唠叨而厌烦,相反,还要鼓励不爱说话的老人多开口。

29. 为什么需要适时确立遗嘱并做公证?

很多时候老年人对于自己的财产非常看重,也很担心自己离世后财产不知如何分配。根据我国《继承法》第16条规定:"公民可以依照本法规定立遗嘱处理个人财产。"这是法律赋予公民用立遗嘱的形式处理个人财产的权利。用遗嘱处理个人财产的方式有两种:遗嘱继承和遗赠。立遗嘱人可以指定由法定继承人的一人或数人继承遗产。遗赠则是立遗嘱人将个人财产赠给国家、集体或者法定继承人以外的人。法律赋予公民用立遗嘱的方式处理自己财产的权利,既体现了我国公民具有广泛的自由民主权利,也是为了更好地保护老年人。

老年人可以按照自己的意愿,根据子女对自己尽赡养义务的大小以及子女的具体情况,合法而又合理地处分自己身后的财产。老年人可以在遗嘱中给尽赡养义务多的子女多留遗产,给尽义务少或不尽义务的子女少分或不分遗产,这些规定使继承人的继承权被取消。遗嘱是单方法律行为,遗嘱人设立遗嘱时,无须征得遗嘱继承人的同意,也不需要得到其他法定继承人的赞同。只要有遗嘱人的真实意思表示,遗嘱即发生法律效力。

由于遗嘱可以改变法定继承人的范围、顺序和遗产分配办法,遗嘱生效时立遗嘱人已经死亡,遗嘱容易被伪造、篡改而且无从查证,因此,《继承法》规定了立遗嘱的有效条件:

(1) 立遗嘱人立遗嘱时须有行为能力。《继承法》第22条规定:"无行为能力人、限制行为能力人所立遗嘱无效。"即使本人后来有了行为能力,仍属无效遗嘱。如果立遗嘱人立遗嘱时有行为能力，后来丧失行为能力，则不影响他当时所立遗嘱的效力。

(2) 遗嘱必须表示立遗嘱人的真实意思，因受胁迫、欺骗所立遗嘱无效。《继承法》第22条规定："他人伪造的遗嘱无效，篡改的遗嘱，篡改的内容无效。"有的被继承人本来没有立遗嘱，而继承人无中生有、假造遗嘱，也有的被继承人立有遗嘱，继承人认为于己不利，又另造一份于己有利的遗嘱，以假乱真。这些都属无效遗嘱。

(3) 遗嘱人以不同形式立有数份内容相抵触的遗嘱时，根据《继承法》第20条规定："立有数份遗嘱内容相抵触的，以最后遗嘱为准。"其中有公证遗嘱的，则以公证遗嘱为有效遗嘱。"每个家庭都可能遇到订立遗嘱的问题，把可能由此带来的矛盾化解于萌芽中，就要靠遗嘱公证。"老年人适时确立遗嘱公证，对于其身后财产的合理分配，避免家庭内部矛盾，具有积极作用。

遗嘱公正

遗嘱公证细则就是为规范遗嘱公证程序而制定的。遗嘱公证的程序如下：

(1) 申请。遗嘱人申办遗嘱公证应当亲自到公证处提出申请。遗嘱人亲自到公证处有困难的，可以书面或者口头形式请求有管辖权的公证处指派公证人员到其住所或者临时处所办理。

(2) 受理。对于属于本公证处管辖并符合前条规定的申请，公证处应当受理。

　　(3) 审查。公证处应当按照《公证程序规则》第23条的规定进行审查,并着重审查遗嘱人的身份及意思表示是否真实、有无受胁迫或者受欺骗等情况。

　　(4) 出具公证书。公证遗嘱生效后,与继承权益相关的人员有确凿证据证明公证遗嘱部分违法的,公证处应当予以调查核实;经调查核实,公证遗嘱部分内容确属违法的,公证处应当撤销对公证遗嘱中违法部分的公证证明。

四、人生乐在心相知
——社会交往的常见困惑

30. 为什么老年人会出现沟通障碍？

人是生活在社会中的人，作为一个社会人，我们总是不可避免地与他人进行各种各样的互动，建立各种各样的关系，从而产生人际交往。脱离了人际交往的人很难成为一个真正意义上的人。在当今社会，我国已建立了比较完善的社会养老保障体系，基本实现了老有所养，大部分老年人都能够满足穿衣、吃饭、住房等较低层次的要求。特别是在经济比较发达的地区，大多数老年人更是过着物质条件比较充裕的生活。然而，仅仅实现这些并不能使每一位老年人都感到幸福，因为老人们渴望着更高层次的需要被满足。比如，老年人对友情和亲情的需要，被别人尊重的需要，以及被社会认可和接纳的需要等。人际交往正是满足老年人这些高层次需求的重要且唯一的途径。通过良好的人际沟通，老年人可以感受到别人对自己的关怀，也可以从别人的尊重和赞扬中重新体会到自己的价值，满足自我实现的需要。但在日常的人际沟通中，由于老年人各自的性格特色、文化水平、成长经历、社会地位不同，甚至是男女性别差异、年龄差距、地域划分等各种因素，都对良好的互相沟通造成一定的阻碍，从而导致沟通在许多问题上难以"共鸣"。

很多时候，让老年人发愁的是人与人之间的关系。怎样可以使人际关系不成为影响老年人生活的消极因素呢？最重要的也是最有效的也许就是善待他人，心态豁达。这并不是让老年人把情绪抑制住，而是要老年人抱着不计较和不追究的心态，使心胸豁达开朗。金无足赤，人无完人，与人交往要多取长、少计短，多原谅别人的过失，多体谅别人的难处。遇到刚强、耿直的人，要原谅他的几许粗暴;遇到忠厚老实的人,要体谅他的呆气;遇到有才气的人,要忍耐他的几分狂妄。多宽容别人,就少了一些争执、冲突的机会,也就让自己有更加自如适宜的心态。与人为善,以礼待人。"谢谢"、"请"或是会心的微笑,都会塑造一个谦让有礼的老年人形象。不传闲话,就不会积怨于人,给自己招来不必要的麻烦;必要的时候帮人一把,不倚老卖老,可以使自己赢得更多的朋友。

幽默的益处

幽默可以帮助老年人打开心结,驱散心头阴云。当老年人因为生活事件出现焦虑、忧郁、悲伤、生气等不良情绪反应时,可以尝试着用几句恰到好处的风趣话,缓和自己或帮助其他老年人缓和不良情绪,甚至可以改变消极对待人生的看法,最终摆脱恶劣的心境。

幽默感虽然和一个人的知识、修养以及天性有关,但并不是不可培养的。平时多看连环漫画、幽默小说,或是欣赏喜剧电影和电视,都可以使老年人的幽默感增强,从而保持更旺盛的生命力。

幽默带给老年人开怀的笑,能解除精神压力,能锻炼心肺、肠胃功能和胸部肌肉。老年人学会幽默,用幽默玩笑的方式表达自己对社会和周围环境的态度,有利于调节人际关系,增强应激能力,摆脱可能遇到的困境,延年益寿。

四、人生乐在心相知——社会交往的常见困惑

31. 为什么老年人容易和年轻人起冲突？

父母与子女之间的关系是维系家庭的第二纽带。老年人随着年龄增长、体力衰退，生活自理能力逐渐下降，越来越需要家人的关心和照料。而在我国子女往往是老年人晚年生活的主要照料者，因而老年人与子女关系的好坏也就直接关系到老年人晚年生活的愉快与否。

人的心理和行为方式是在生活环境中形成与发展的。出生环境、生活环境、社会环境等，对人的行为方式、道德观念、生活方式方面均产生深刻的影响。不同年龄的人经历不同时代的社会变迁、经济发展过程和文化演变，对社会生活各方面有不同看法，形成反差，造成代沟。旧的社会文化、价值观念在老一代身上积淀，老一代以旧的社会标准、伦理道德观念和经济观念去观察和处理事务。年轻一代则接受新的思想和价值观，有自己的生活方式、习惯、爱好和准则。因而两代人之间在生活上容易发生冲突。当社会变迁越剧烈，经济发展越快，文化演变越迅速，代沟就会越深。

代沟也与年龄特征有关。在行为方式上，父辈一代比较迟缓，子女一代比较灵活快捷。在性情上，父辈一代比较沉稳、老练，子女一代比较活泼、开朗。目前我国老年人和子女之间的代沟主要表现在思维和生活方式上。

另外，老年人对子女"关心"太多，也是我国亲子关系出现矛盾的一个重要原因。如果老年人与子女的代际关系处理不好，会给家庭生活带来不愉快、带来麻烦，甚至使老年人的晚年生活失去乐趣。

> 老年人需要特别注意与子女之间的良好沟通,委婉而有策略地让子女了解老人内心的需要和感受,使子女能理解老人的心情,尽量多抽出时间陪伴老人说说心里话,这样老人会很开心,平时也就不会无端发火了。

小贴士

老人与子女相处的心理学艺术

(1) 尊重子女。长大后的子女首先应该是朋友,父母应该把已经长大的子女看成独立的个体,在和子女相处时切忌专断。要知道子女已经长大成人,有了自己的思想,形成了自己的价值观,如果再用老一套的方式教训他们未免过时。老年人应该给子女多些理解,当子女有困难时,给予及时的帮助和支持,但绝对不应成为子女命运的主宰。

(2) "一碗水端平"。作为父母,在家庭中要平等对待儿女,不要偏心,有些儿女之所以不尊重老人,是因为他们发现父母太偏心了,对某个兄弟姐妹特别好,对某个孙辈尤其照顾。作为父母应该尽量做到公平、公正地对待所有的子女和孙辈。

(3) 批评子女时要讲究艺术。子女有错,做父母的有责任、也应该给予批评和教育,但批评和教育时要讲究艺术。因为子女毕竟不是小孩子,甚至已经为人父母,批评和教育子女时必须要维护好子女在孙辈面前的尊严,不伤害子女的自尊心,不伤害子女教育孙辈的权威,不要总以自己的经验来框套孩子。

四、人生乐在心相知——社会交往的常见困惑

32. 为什么有些老人在社会交往中容易上当受骗?

时下,老年人上当受骗现象相当普遍。在市场经济环境中,一方面老年人在计划经济时代形成的思维模式还没有转到市场经济的轨道上来;另一方面,社会上一些没有道德和良心的人,在金钱利益效应的驱使下,把欺骗的目光投向处于弱势的老年群体。他们打着"关爱老人"的旗号,利用老年人的许多弱点和盲点,采取各种巧妙的欺骗手段,引诱老年人上当。

上当受骗不仅给老年人带来经济上的损失,而且在精神上也会遭受重大创伤,在心理上造成极大的痛苦和内疚,甚至造成家庭不和;同时也危害社会风气,不利于和谐社会的建设。老年人容易受骗上当是老年人心理特征的一种特殊表现形式,也是社会化过程不完善的一种表现。正因为老年人存在这些心理缺陷,专家们才提出"老年人要再社会化"的新理念。

老年人上当的心理原因主要有以下几点:

(1) 贪财心理。在生活上较困难、经济上不宽裕又没有办法去赚钱的老年人,对金钱看得比较重,但他们不能真正理解"天上不会掉下馅饼"的道理。他们不了解素不相识的人不可能无私地给他们好处,更不知道骗子后面所隐藏的玄机妙算,被眼前的好处弄昏了头脑而盲目相信骗子。社会上所谓的"高利润"投资的骗局、转手倒卖"赚大钱"的诱惑、地摊上"投注"的假把戏、信函通知"中大奖"和短信平台的中奖等,都是针对一些贪财心理严重的人而设计的。

(2) 投机心理。有些老年人一方面只看到外在因素,被表面现象所蒙蔽,看不到陷阱及其深浅;另一方面,又对自己的能力估计过高,抱着一种取胜的投机心理而落入陷阱。地摊上骗子做的"押宝笼子",看似绝对可赢,实则是个骗局。

(3) 图方便怕麻烦心理。有些老人喜欢简单从事,心理上没有任何防线,缺乏"防人之心不可无"的社会认知。他不知道方便中藏有各种玄机,让老年人防不胜防而上当受骗。上门推销打折产品的骗子多用这种手法来欺骗老人。

(4) 善良和乐于助人的心理。多数老年人心地善良、乐于助人、喜欢做好事,有着愿为别人排忧解难的心态。可是他们在帮助别人的过程中,从未想到会有"恩将仇报"的骗子。因此,对这些骗子所设下的陷阱毫无防备,最后落到做了好事反而被骗吃亏,留下了"好人不能做"的心理阴影。骗子在街上找老年人"换钱"、"量衣服"、"借手机"、"买药"、"问路"等手法,都是利用老年人老实、善良、乐于助人的心态而得手。

(5) 缺乏主见,相信传言和虚假的广告宣传或从众心理。老年人面对许多保健品的宣传或在商场购物中,偏听偏信,不相信科学的从众心理相当普遍。经常给"医托"、"打折"、"送礼"等骗术提供大量市场。自己上了当,还以为占了多大的便宜。

(6) 科学知识和现代信息缺乏。有些老年人性格比较倔强,加上懒于学习,自己的理性思维和独立自主随年龄的增长而下降,又缺乏信息沟通渠道,就很容易被骗子的花言巧语蒙骗,从而做出错误的判断和决策,拱手把大把大把的钱送给骗子,还要感谢骗子的关心。

(7) 老年人的换位思维较普遍。许多老年人总是"以君子之心度小人之腹",结果,盲目相信对方而吃了大亏。

四、人生乐在心相知——社会交往的常见困惑

小贴士

针对老年人的诈骗行为

目前针对老年人的诈骗行为主要有以下几种：

（1）利用老年人的善良和同情心进行诈骗。一是地点基本上都在菜市场周边，时间段大概是早晨六点到九点；二是对象都是看上去经济条件比较好的老年人；三是主动上前跟老人攀谈，骗取老人的信任。

（2）利用老年人看病心切的心理进行诈骗。一是通常在医院、超市等公共场所；二是通常有很多角色一同出场，有各种各样的托；三是诈骗的同时有可能伴随盗窃、抢劫犯罪行为。

（3）利用讲座、授课、试用、试吃等方式进行推销和诈骗。一是利用老年人比较重视身体健康或大部分都有些常见慢性病的情况，利用老年人治病心切或者病急乱投医的心理进行推销；二是利用老年人生活寂寞、缺少儿女关怀的心理，对老年人百般巴结，装作十分孝顺和体贴，老人对这种虚情假意的问候往往难以招架、落入圈套。

33. 为什么要让老年人忙起来？

"妈，您就歇着吧，都一把年纪了……"

这句话每个上了年纪的妈妈应该都不陌生，儿女孝顺父母，什么事情都不让父母忙，帮他们操办齐全，一心想着让父母安享晚年。可是，做父母的真的喜欢这种每天闲适、无所事事的感觉吗？什么事都不用父母做，真的是为了他们好吗？

答案是否定的。人到暮年，反而要适当地"忙"一些。首先，随着年龄增长，各方面的机能也自然而然下降，每天坐着不动反而会闲出毛病，久而久之，手脚更不灵活，脑子也转不快，甚至还会增加患老年痴呆的概率。其次，离退休综合症是退休后老年人最担心的心理难题之一，从以往繁忙、充实的工作生活回归到家庭生活，如果连生活都不需要再打点，心理上的空虚更会增加老年人的"无用感"，为抑郁、多疑、自卑等心理疾病埋下祸根。再次，过于清闲会渐渐让老年人丧失以往的"控制感"，容易胡思乱想，心理的颓然影响生理的健康，形成恶性循环。

那么，让老年人忙起来真的有用吗？"忙"有益于身体健康是有科学依据的。心理学家经过研究认为：紧张的工作可以排除人们的孤独感与忧愁感，给人带来充实与欢乐，使人保持良好的情绪。而良好的情绪是维持正常生理机能的前提，是防病治病的重要因素。相反，如果一个人四肢不勤，无所事事，百无聊赖，就会精神压抑，产生孤独和失落感，致使机体各个器官的生理功能紊乱，

四、人生乐在心相知——社会交往的常见困惑

危害健康和生命。英国作家卡莱尔说:"工作是个人最好的健康锻炼。"中国人也常说:"有事则长寿。"当然,这里说的"忙",是科学的"忙",适度的"忙",力所能及的"忙",不是主张老年人不顾身体条件而超负荷、盲目地忙碌。懒作常短岁,繁忙多寿翁。美好的生活多么使人留恋啊!因此,老年人应当科学地安排自己的晚年生活,排遣内心的寂寞,重回社会,与人交往,找回以往的控制感,从而收到物质生活和精神生活的双丰收以及延年益寿的功效。想跨进"寿星"的行列吗?老年朋友们,赶快试着让自己忙起来吧!

小知识

"忙"的心理学实验

心理学家艾伦·兰格是研究控制感的专家,曾经做过这样一个实验:他们到敬老院探访,给每位老人送去一盆植物。并随机告诉其中的一半人,"你们负责浇水灌溉,照顾该植物";告诉另一半人,"我们会有专人照顾植物"。结果18个月之内,前一组人只有15%的老人去世,后一组人则有30%去世。而实验之前该敬老院的死亡率是25%。也就是说,大约10%的人从心理学家的实验当中受益,延长了寿命。

34. 为什么老年人要有自己的交际圈？

人际交往是指在社会生活中，人与人之间进行信息交流和沟通情感的联系过程，它是人类的一种基本技能，是人的一种本质性的存在形式。人际交往对个人生活有重要的影响。心理学研究指出，积极、良好的人际交往有助于个体身心健康与发展。老年人一退休，交际圈自然就小了，还有些老年人随着子女从城镇迁往没有一个熟人的城市，除了子女外没有了自己的交际圈，结果影响身心健康，加快了肌体衰老和退化。

如今社会生活节奏飞快，儿女们除了给老人物质上的照顾以外，往往很难有时间陪老人说说话、散散步，老年人的心灵很难得到慰藉；退休是老年人的必经之路，从前充实的工作生活一下变得闲适懒散，人际适应难免出现问题；人到老年活动能力下降，直接限制了老年人的活动范围……种种因素都影响了老年人的人际交往，让他们的交际圈变得狭小。虽然物质生活水平提高了，精神生活水平却远得不到满足，孤独、焦虑、抑郁等各种心理不适也随之而来。

那么，老年朋友应该如何扩大交际圈呢？

首先要解决认知问题，提高自觉性。老年人要认识到必要的人际交往对自身的有益之处，没有足够的认识，缺乏自觉性，扩大交际圈就是一句空话。

四、人生乐在心相知——社会交往的常见困惑

其次要解决方法问题。一方面,克服"离群"情绪,走出家庭小天地,茶余饭后去公园、广场走走聊聊,或许会有很多新的发现;另一方面,"活到老,学到老",社会变迁日新月异,多参加老年大学,学习书法、国画等,不仅能陶冶情操,跟上时代步伐,还能结交新的伙伴;积极参加社区活动,如舞会、旅游、文体比赛等,不仅充实了生活,还能学有所用,有机会露上两手,跟别人的交际也自然而然变多;最后,跟忘年好友保持联系,互相到家里走动走动,一起出去旅游,遇事一道出主意,生病也能多个照应。精神的寄托,情感的满足,老友间的生活也就有了更多的亮色。

从今天起,不做"宅男宅女",走出家门,扩大交际圈,开阔视野,老有所学。

小知识

人际交往中的心理效应

(1) 首因效应。人与人第一次交往中给人留下的印象,在对方的头脑中形成并占据主导地位,这种效应即为首因效应。我们常说的"给人留下一个好印象",一般就是指第一印象,这里就存在首因效应的作用。在交友中可以利用这种效应,展示给人一种极好的形象,为以后的交流打下良好的基础。

(2) 近因效应。与首因效应相反,近因效应是指交往中最后一次见面给人留下的印象,这个印象在对方的脑海中也会存留很长时间。利用近因效应,在与朋友分别时给予他良好的祝福,你的形象会在他心中美化起来。

(3) 光环效应。当对某个人有好感后,就会很难感觉到他的缺点存在,就像有一种光环在围绕着他,这种心理就是光环效应。"情人眼里出西施"就是光环效应的表现。

35. 为什么要学会宽容、善待他人？

"尊老爱幼"是中华传统美德之一，我们从小就被教导要关爱老年人、尊敬老年人。可是近年来老年人这一弱势群体竟被归为不可信任的对象之一，原因何在？

原来是近年的老年人摔倒"碰瓷"事件吓怕了世人。有报道称，广东河源一男子曾扶起一位摔倒在路边的老人，并将老人送去医院救治，谁知竟被老人"讹诈"，称男子是将老人撞倒之人。为了证明自己的清白，扶老人的男子一气之下投池塘自杀。最终，讹人的老人承认是自己摔倒，他没钱看病才选择讹诈扶起他的男子。

这样的事件在中国屡屡发生，大家惊呼"三观颠覆"，尊老也变得障碍重重。人到老年，不应倚老卖老，而要学会宽容、善待他人。宽容和善待他人，不仅让自己身心愉悦，有助于身体健康，甚至有延年益寿之功效，别人也会感受到真诚的善意，回报以同样的宽容与善意，我们的社会也因此更和谐、美好。反之，遇事就想不开、斤斤计较的老人，久而久之，不仅自己心情郁结，还影响身体健康，容易导致各种生理、心理疾病，健康的人际交往也会相应受到影响。

世界卫生组织早就指出：老年期是人的"生命的质量期"。一个人的生存的尊严和生命的价值，主要体现在老年阶段。老年人走过几十年的风雨历程，尝遍人生的酸甜苦辣，曾经激昂的情绪

四、人生乐在心相知——社会交往的常见困惑

归于平和,曾经浮躁的心态变得踏实,不仅要热爱生活,善待自己,更要懂得宽容,学会宽容与理解。

不要斤斤计较。人活着很不容易,到了老年,身体健康,心情舒畅才是头等要务,平常吃吃小亏,没有必要事事认真,计较鸡毛蒜皮的小事只会给自己徒增烦恼。给别人宽容,回报自己的会是更美好的成果。

要善待他人。经历了风雨,领悟人生苦乐,才知道人生中应该忘记什么,记得什么,放弃什么,珍惜什么。用温暖的心去善待他人,把真诚的微笑常挂在嘴边,让自己拥有一颗有爱、知足的心,感受人生纯粹的快乐。

小贴士

三尺巷的故事

清朝康熙年间有位大学士名叫张英。一天张英收到家信,说家人为了争三尺宽的宅基地,与邻居发生纠纷,要他用职权疏通关系,打赢这场官司。张英阅信后坦然一笑,挥笔写了一封信,并附诗一首:

一纸书来只为墙,让他三尺有何妨?

万里长城今犹在,不见当年秦始皇。

家人接到回信后,让出三尺宅基地;邻居得知,也相让三尺宅基地。结果成了六尺巷。张英用一首诗化干戈为玉帛,其实起作用的是他宽容的胸怀。诗的后两句是为了说明邻里人际关系远比死的砖瓦重要,即使今日争得了这三尺又如何?秦始皇当日修筑万里长城何等意气奋发,如今又何去何从?人的一生是有限的,与我们的生命相比,小小的矛盾、坎坷又是多么微乎其微,何必把宝贵的生命消耗在毫无价值的唱叹和纷争上呢?

36. 为什么'怎么说'比'说什么'更重要?

研究表明,人们从谈话中得出的结论,有55%是根据说话人的举止做出判断,即说话者看起来想要表达什么意思(通过视觉判断);38%来自对说话人的语气、语调、音量等的判断;只有7%的信息来自说话人的讲话内容。也就是说,倾听者得出的结论,其中有93%来自说话者怎么说,而不是说什么。

虽然说待人要诚实,但与人交往时也不能想到哪儿说哪儿,想到什么说什么,如果这样就很容易造成不必要的误解,从而影响彼此的生活质量。老年朋友与人交往时要注意说话的心理方法和心理艺术。比如,一位曾经一起打拳钓鱼的老朋友突然身患绝症,去看望他时应该多说一些安慰的宽心话,叮嘱病人好好休息,鼓励病人要有战胜疾病的信心。如果对病人直言:"你患的是绝症,目前没有治愈办法,活不了多久了。"病人很可能由此更加丧失活下去的勇气,拒绝配合医生的治疗。再比如,正在家中看精彩的电视节目时老朋友突然来访,这时尽管不太欢迎客人的到来,也应该礼貌地接待客人。如果直接对老朋友说"你来的真不是时候",老朋友一定会悻悻而返,恐怕以后不会再来。

同样的事情、同样的内容、同样的意思,不同的说法会大不相同。说得好,可使人笑;说得不好,可使人跳。"怎么说"正体现出说话者说话的心理艺术。比如,你有两张电影票要送给老朋友夫妇。如果你对老朋友说:"我这儿有两张电影票,我和老伴不感兴趣,丢掉可惜了,你们老两口拿去看吧。"老朋友尽管收下你的电影票,但心里一定不高兴。

如果不讲究说话技巧,就可能使对方误解你所要表达的意思,可能会产生矛盾。谈话的技巧直接影响人际关系的好坏。因此,老年朋友在日常生活中,千万不要忽视说话的时间、方式和场合,只有这样,才能进行成功的交流和沟通。

小贴士

说话的技巧

(1) 对得意人勿讲失意话,对失意人勿讲得意话。

(2) 不要只在服饰上下功夫,最重要的是面部表情。一个人有着一张笑脸,那是谁都欢迎的。

(3) 要善于使用幽默,尖锐而不刻薄,俏皮而不直露。幽默可分为三个层次:听了别人的话能笑,自己能让别人笑,自己能够拿自己开玩笑。自嘲是幽默的最高品位。

(4) 谁都会为尊严而自卫,说话不要妨碍对方的尊严。

(5) 爱好争论的人是傻子,因为批评和训斥对方不好是无益的。

(6) 说话不应该一味去迁就人家,自己的立场是不能丧失的。应该使用委婉的言辞忠告善导,不使其被触怒。对人家的无礼要求,表示同情但不会同意。

37. 为什么正常的社会交往活动对丧偶老人尤为重要？

常常会有这样的事情发生：一对恩爱的老年夫妇，其中一位因病去世，另一位在悲痛欲绝之中不久也患病身亡。这其实是亲人去世的打击过于沉重，使老人对疾病的抵抗力大大减弱的缘故。

丧偶对于老年人来说是个巨大的打击，不可避免地会使老年人产生一系列的心理变化。过度的心理应激会使人体健康受到影响，老年人由于身体各组织、器官机能的衰退，自身的抵抗力量本来就弱，因此在应激过程中他们比一般人更快、更容易进入衰竭期。许多居丧老人在老伴去世数年后，都难以抚平创伤，迟迟不能恢复正常的生活。

心理学研究指出，人不是孤独的生物体，而是社会性的动物。作为社会的人，对孤独有一种本能的恐惧感，而避免孤独最有效、最基本的方法就是人际交往与社会活动。退休使老年人面临单位同事人际交往的丧失，老伴的逝去又使丧偶老人面临家庭人际交往的丧失，因此，重新寻找和保持良好融洽的人际交往正是丧偶老人避免孤独、晚年生活愉快的良方。

老年人如果继续呆在家中，生活在对往事和故人的追忆中，孤独感就会上门做伴。大量的研究资料都指出，孤独感这种消极

四、人生乐在心相知——社会交往的常见困惑

的情感体验对老年人的身心健康是非常有害的,那些失去老伴又极少与子女、与他人交往的孤独老年人,其患病率比经常与人交往的老年人要高出一倍。所以老年朋友可以走出家门,走进老年大学,走进社区和街道等各种老年组织,回归到同龄群体中。当情感的交流重新出现在生活中时,当空闲的时间被各种充实的活动所取代时,孤独感自然就会消失得无影无踪,取而代之的是在交往中获得的幸福感和满足感。

生活在良好的人际氛围中,时刻感受到他人的关怀与支持,有利于老年人保持良好的心境。总之,老年朋友的人际交往范围越广泛,社会活动越丰富,精神生活就越愉快,身心也会更加健康。

人际交往中的小技巧

(1) 说话真诚。不要因为自己是老年人就倚老卖老,要给人平易近人、和蔼可亲之感,要注意礼貌用语。听别人谈话时,思想要集中,眼睛注视对方,尽量不轻易打断别人讲话。

(2) 增强自信。觉得自己老了,别人都不愿与自己打交道了,这种想法是不对的。应克服自卑心理。

(3) 适度热情。热情是一种积极的生活态度。热情意味着和气待人,放下自我,主动与人进行友好的交往;热情意味着处于一种给予的状态,同时也愿意接纳别人。

(4) 礼貌待人。彬彬有礼的态度必然会赢得他人的尊敬和信赖。老年人也要学习一些社交礼仪,尊重年轻人的生活方式。

(5) 关爱他人。老年人在交往中以一颗爱心来处事,必将会得到他人的爱戴。以爱的眼光来看周围的人,也会使自己的胸襟更加开阔。

38. 为什么要"老幼结亲"?

在一个家庭中，孙辈的作用非常重要，他们常常是大人们欢乐的源泉，也是家长们明天的希望。大部分老年朋友在对孙辈无私的付出时，从来没有想过要得到孙辈的回报。其实孙辈可以对老年朋友乃至整个家庭起到积极的作用，只要巧妙地加以利用，就可以促进整个大家庭的和睦和老年人自身的健康。

老人和儿童在思维行动上有很多相似点，在家庭中祖孙关系最能体现天伦之乐，孩子可能更愿意和爷爷、奶奶、外公、外婆在一起，夕阳中一老一小的画面永远那么和谐、温馨、令人羡慕。对孙辈的爱，会增加老年人生活的乐趣和勇气。即使老年人与孙辈分居，祖孙之间的感情依然普遍存在，并强烈地牵挂着老年人的心，孙辈给老年人带来绕膝的天伦之乐，这是老年幸福生活的重要源泉，会使老年人忘却忧愁，丢掉烦恼，从而促进身心健康。在老年心理学上这被称为"孙子疗法"。

在很多家庭中，爷爷奶奶或外公外婆会帮忙照看孙辈。祖孙之间可以更加畅通地进行没有隔阂的交流，孙辈和他们的父母之间沟通起来也较为方便。所以，当老年人和子女之间由于代沟和隔阂产生误会和矛盾时，孙辈就可以发挥他们的优势，成为两代人之间最合适的沟通桥梁。孙辈可以在爸爸妈妈这里讲讲爷爷奶奶或外公外婆的好处，也可以在爷爷奶奶或外公外婆那里说说爸爸妈妈的苦衷，必要的时候撒撒娇，这样祖辈和子辈间的矛盾会因为可爱的孩子而得到解决。在婆媳闹矛盾时，孙辈可以从中调和，"做榜样"给妈妈看，也可以安慰奶奶，让两个大人在孩子的感召下和好。如果是老两口之间产生了矛盾，身边的孙辈一样可以充当化解矛盾的使者。

老年朋友在养老生活中可以有意识地利用这一点，"老幼结亲"，充分发挥出孙辈在大家庭人际关系中所起到的调节矛盾、化解误会的良好作用，让整个家庭拥有更多的欢笑。同时，老年人也可以把和孙辈共同相处的过程当成是和朋友的相处，利用和孙辈的互动找回年轻和健康的心态。

小贴士

老年人对孙辈的教育

在祖孙关系中，最关键的是祖辈老年人对孙辈孩子的教育问题。作为祖父母，应该了解自己在孙辈教育中的优势和弱点，扬长避短，使隔代教育朝正确的方向发展。

在家庭教育中，老年人对孙辈孩子的教育优势，主要表现在以下两个方面：疼爱心理下产生的教育机会和条件；老年人有值得晚辈借鉴的宝贵经验和教训。老年人对孙辈孩子的教育弱点，主要表现在以下四个方面：溺爱孙辈；性格固执，自尊心强；思想保守；与孙辈缺乏共同语言。

在对孙辈的家庭教育中，老年人有着不可忽视的作用和影响。老年人对孙辈的教育能促进孙辈的健康成长，更好地融洽家庭人际关系，同时也使老年人自己的晚年生活变得更加充实、更有意义。

五、老骥伏枥,志在千里
——如何实现心理抗衰老

39. 为什么老年心理问题容易被忽视？

老年人的生理疾病通常可以通过去医院得到及时的医治，但症结不在生理而在心理时，就容易被医生、家人忽视。如果一般的心理问题得不到疏泄，就会导致焦虑和抑郁症。其实，老年人的心理问题是有迹可循的，一些小细节可以帮助我们发现老年人心理疾病的苗头。

首先是情绪改变。有的老人容易激动，可为小事而大发脾气，对周围事物总感到看不惯、不称心；有的老人会变得郁郁寡欢，苦闷压抑，情绪低落，或是显得淡漠无情，凡事无动于衷。其次是记忆力减退，出现疑病症状。面对身体素质的每况愈下，对衰老与健康状况的自然下降认识不够，老年人老是担心自己年老多病，顾虑中风瘫痪、无人伺候等，以致经常胡思乱想，惴惴不安，常常感叹自己已"风烛残年"。有的老年人看到昔日好友患重病或去世，更是紧张、恐惧，总觉得别人的今天就是自己的明天，如若身体稍有不适，便会更加焦虑、恐惧。最后，还可能出现精神病性症状，变得多疑敏感，常担心钱财被偷等。

居住环境、家庭环境、人际关系等，都有可能成为导致老年人心理问题的罪魁祸首。

首先是"空巢"现象。我国的独生子女家庭日渐增多，当孩子由于工作、学习、结婚等原因离家后，独守"空巢"的老人会因此产生心理失调症状。

五、老骥伏枥，志在千里——如何实现心理抗衰老

其次是家庭矛盾。与空巢现象相对的是，很多老人与子女同住在一起，两代人的生活习惯、思想观念存在巨大差异，婆婆与媳妇的性格不合都是家庭矛盾的根源。对于多子女家庭来说，父母财产分配是否公平也会引起子女间的矛盾。所有这些问题都可能对老年人的心理造成极大影响。

最后是经济拮据。老年人退休后，经济收入较之前锐减，部分老年人过着十分拮据的生活，这会让老人感到自卑、无用，沉浸在对过去的回忆里。

身体无病并且心灵健康才是真正的健康。若心理不健康，就会严重影响生活质量，最终必然影响甚至损害躯体健康。所以，学习心理保健知识，学会身心愉快地生活，树立起心理健康的新观念，是每个老年人安度晚年、健康长寿的重要条件。此外，无论是家庭还是社会，都不能忽视老年人的心理健康问题，一方面子女要多陪伴老人，另一方面，全社会需要形成关爱老人的风气。以健康的方式适应晚年生活，最重要的还是要靠老年人自身在心理上的调整，最终才能真正地从社会角色的迷失中解脱出来。

40. 为什么一些看似身体不适的症状实际上是心理问题？

俗话说,"病来如山倒,病去如抽丝"。人到老年,由于身体免疫力的下降,各种各样的躯体疾病会乘虚而入。面临健康的失去,老年人的角色发生很大变化,原本有一定的独立能力,现在则变成一种依赖角色,由此引发的抑郁、焦虑、暴躁等不良情绪更进一步破坏老年人的免疫系统,从而也促进老年病的发生。长此以往,形成恶性循环。

焦虑几乎是所有老年人都曾面临或者正在面对的问题。因对疾病的恐惧给老年人带来巨大的心理压力(如濒临死亡的恐惧心理),或因人际关系紧张、适应障碍造成心理矛盾冲突。在急性焦虑发作时,老年人会突然感到莫名其妙的嫉妒、恐惧、出汗、心慌、紧张不安,觉得气不够用,或感到自己快要"疯了",甚至有一种"大祸临头"的惊恐或濒死感,大约要历时数分钟或数小时。老年人的焦虑又强化了各种躯体症状,使得老年人不自觉地夸大主观症状,惶惶不可终日,沉重难愈。

一些老年人担心自己生病,形成恐病心理,恐病心理发展到严重的地步,就容易变成疑病症,即怀疑自己患有某种疾病,虽经医生的检查、诊断并告知无病,也无济于事。这多见于敏感、多疑、顽固、执拗的老年病人,表现为对自身的健康状况过度关心,如有的老年人总是怀疑自己得了某种绝症,喉部不适便认为是患了喉癌,头痛便说是得了脑瘤。有的老年人长期卧床不起,经检查没有任何毛病,却诉说病情严重,夸大自己的痛苦。疑病常以一种不太严重的躯体疾病开始,以消化系统症状为多见,如便秘、肠胃不适等。尽管其根本无器质性的疾病或疾病日益好转,但其不适的感觉却与日俱增,并常伴有抑郁和焦虑的负性情绪。

　　由此可见，很多看似生理机能的问题，其实是由于老年人的内在心理问题引起，明确患病与否，以及帮助老年人维持良好的心理状态是增强身体机能的一个重要因素。家人朋友要真诚地对待老年人，认真地倾听老年人的痛苦，及时发现老年人生活中的问题和烦恼，并能帮助老年人明辨真正的病因症结所在，必要时应向老年人解释有关疾病的知识，引导其从积极的角度看待问题。

如何界定躯体化障碍

　　躯体化障碍是一种以持久的担心或相信各种躯体症状的优势观念为特征的一组神经症。该病的临床表现为多种、反复出现、经常变化的躯体不适症状，可涉及身体的任何部位或器官，各种医学检查不能证实有任何器质性病变足以解释其躯体症状。症状常导致患者反复就医和明显的社会功能障碍，常伴有明显的焦虑、抑郁情绪。

五、老骥伏枥，志在千里——如何实现心理抗衰老

41. 为什么不良的心理暗示会影响身体健康？

当一个人的心情长期不好时，就会形成一种消极的心理状态，产生一种误导思维，出现各种不良的心理暗示。心理学研究证明，积极的心理暗示可以治病，消极的心理暗示则会致病。

心理因素影响健康、引发疾病，早为人们所知。中医古籍中提到的"七情"，即喜、怒、忧、思、悲、恐、惊，是七种正常的情绪反应；如果人经受突然、剧烈或长期的精神刺激，情绪反应过度强烈或持久，则会引发七情过度，影响内脏功能，造成气血调节功能混乱而致病。在现代社会中，与心理社会因素有关的疾病显著增多，不少学者提出医学模式应从生物学模式向生物-心理-社会医学模式发展。那些由心理因素引起的身体疾病，叫做心身疾病。

对于老年人来说，由于生理机能衰退，抵御体内外致病因子能力下降，易患各种疾病。常见的疾病有高血压、心脏病、溃疡病、糖尿病以及癌症等。由于老年人患病几率大，健康情况不佳，甚至受到死神的威胁，他们容易产生消极情绪，意志消沉、萎靡不振、悲观厌世，以致破坏身心协调能力，使机体处于应激状态，免疫力下降，进而使病情恶化或加重。老年人患病之后，不仅自己要承受很多压力，也会给家属、社会以及医务人员带来沉重的负担。如果能变老年病人的消极情绪为积极情绪，则有助于增强他们的抗病能力和自信心，从而达到改善老年病人的生存状况和提高生活质量的目的。

人到老年，必然会丧失许多东西，可以说，老年人是社会的弱者，而老年病人又是弱中之最。但他们几十年来为家庭、为社会贡献了自己的全部，理应受到全社会的关心，尤其是对患病老年

人更应该加倍爱护,患病期间的老年人也确实更需要周围人的关心与爱护。他们往往不能正确对待自己的病情,对病情估计得过于悲观,抱怨自己的疾病,表现出无价值感与无助感,情绪也起伏不定,甚至会和儿童一样,为一点不顺心的小事而哭泣或发脾气。我们应该对老年病人怀有一颗爱心,关心他们,尊重他们,有助于化解他们的悲观情绪。

老年病人长期遭受疾病的折磨,往往终日愁眉苦脸,唉声叹气,没有欢声笑语,甚至脾气暴躁。在这种氛围中,我们要更加同情他们,理解他们的情感,对一些行为过激的病人要安慰他们,体谅他们,千万不能无动于衷,置之不理,甚至反感、训斥,这样会加重病人的心理压力。呻吟、哭泣能把压在病人心头的抑郁悲观情绪发泄出来,从而减轻心理压力。临床常常看到有焦虑抑郁情绪的老年病人"诉苦",我们应该倾听并加以引导,劝导他们要面对现实,接受自我,疾病既然袭来,无法回避,抱怨无用,只有坚强地承受、积极地配合医疗,才能战胜病魔。

五、老骥伏枥,志在千里——如何实现心理抗衰老

42. 为什么老年人要掌握疾病的早期信号或征兆?

"别叹息别叹息对我说,没有不老的红颜",这句流行歌曲的歌词,道出了生命发展的最后结局。人,不管是贫穷还是富有,也不论是生得美丽还是丑陋,最终都会韶华逝去。进入老年后,机体器官的老化以及生理机能的退化,使老年人容易罹患各种疾病。老年人的心理变化又可能会影响他们的心理感受与心理状态,生理与心理相对独立,又相互制约。

随着年龄的增长,除了皮肤松弛、皱纹增多、须发变白等外表出现衰老的特征之外,人们在生理上也会出现一系列功能的退化。比如,肌体细胞数量减少,器官功能逐渐衰退。老年人的生理衰老会发生在神经系统、心血管系统、呼吸系统、消化系统、泌尿系统以及内分泌系统等维持个体存在的几乎全部系统中。与生理年龄的差异一样,生理衰老也存在着巨大的个体差异。岁数相同的老年人,可能会表现出不同程度的生理衰老。

有些人即使到了很高年岁仍然有较强的活动能力,但也必然会出现生理衰老,无非是程度的轻重和时间的早晚而已。生理衰老使老年人对外界的适应性功能逐渐减弱。比如,老年人由于运动神经系统功能的退化使得行动不便,姿势和步态不稳,从而增加了摔跤的风险。

生理衰老还会影响老年人对自身状态的评估。比如,老年人意识到自己的骨头变得易碎、肌肉不再强壮,从而在行动上更加小心谨慎。由于生理衰老使得个体的机能出现退化,导致与之有关的心理机能也发生退化。比如,老年人的神经系统会变得越来

五、老骥伏枥，志在千里——如何实现心理抗衰老

越迟钝,从而使他们的反应时延长、记忆力减退,出现好忘事的典型反应。要知道有许多病待到有症状时才就医,往往为时已晚。比如,癌症待到有明显症状时才手术切除,往往已有转移、存活不久。如果在早期发现手术切除后复发率很低。还有一些病(如高血压、高血脂、糖尿病等)在早期并无症状,只有检查才能发现,而到晚期有症状且有并发症时,治疗就很棘手。因此,及早发现疾病是治疗成功的关键。及早掌握自己的身体状况,尤其是发现疾病的征兆提早治疗,对老年人具有重大的现实意义。

43. 为什么正确看待疾病对老年人更重要？

老年人要正确对待生理疾病，既不怕病，又要积极地防病治病。老年期的生理疾病和青中年期不同。老年期的疾病有如下几个特点：一是多发性，而不是单发性，即同时存在各种不同的疾病；二是显现性疾病和潜隐性疾病同时并存；三是疾病表现的症状不像青中年人那样明显和典型，这是造成老年人的一些疾病误诊或者耽误治疗的重要原因之一；四是老年期的疾病多为慢性病，这是由于器官组织老化所造成的。在认识老年期疾病的这些规律和特点后，老年人应该对疾病、对生活充满信心，抱有乐观的人生态度，愉快地度过每一天。

心理学研究表明，疾病对人的心理影响是明显的。比如，患明显的心血管系统和神经系统疾病的老年人，其记忆力明显地低于正常老年人；患高血压、冠心病的老年人，容易变得焦虑、急躁、恼怒；一些长期被疾病折磨的老年人，心情也容易变得恶劣、沮丧、抑郁、消沉，对治疗失去信心，甚至整天沉默寡言、心情沉重，不愿与任何人接触；有的"破罐破摔"，不与医护人员合作，不遵医嘱服药；有的老年病人因久病卧床，生活不能自理，靠他人照料伺候，时间一久，觉得自己成为家人或亲友的累赘或负担，思想焦虑、内疚、痛苦，产生不如早死的念头。

老年病人的上述心理状态，不仅对治病无益，反而会加重病情的发展，使病体更难早日康复。因此，及时排除患病老人的上述消极心理情绪，对配合医生积极进行治疗是至关重要的。

其一，要正确对待疾病。俗话说得好："人吃五谷，哪能无病。"

人到老年，机体逐渐老化，易生各种疾病，本是意料之中的事，符合事物发展规律，大可不必惊慌失措，六神无主。老年人对晚年生病应有充分的思想准备，有思想准备与无思想准备，其治病效果大不相同。

其二，既来之则安之。有了疾病，就得配合医护人员积极治疗，要及时排除各种影响治病的消极心理情绪。随着现代医学科学技术的发展，绝大多数疾病都能够得到治疗或使病情减轻，即使是癌症，只要早治，也能得到有效的控制或根治。老年人对治病应抱有信心，不急躁，不消沉，不畏惧。要始终保持镇定、冷静、沉着、乐观、开朗的心情，与病魔作顽强的抗争。

其三，松弛自己的精神。放松疗法建立在养生学的基础上，在安静、没有精神负担和体力负荷的条件下，学会放松自己的精神，降低紧张、焦虑意识，增强应付困境的信心。

其四，心寂则痛微，心躁则痛甚，这是奇妙的心理镇痛法。心理学研究与临床的大量观察证明，心理因素既可以诱发与加剧疼痛，也可以延缓与抑制疼痛。因此，利用心理方法控制疼痛是当今控制疼痛的四大方法之一（其他三种方法分别为外科手术、药物镇痛和生理学方法）。心理镇痛方法之所以有效，是由于疼痛的本质是由一些"发痛物质"引起的心理和生理现象。当人体受到各种不良刺激时，会引起刺激部位细胞破裂，使某些发痛物质从细胞内跑出来接触神经而发疼，比如，"钾"就是一种发痛的物质，钾离子主要储存于人体中大约60多亿个细胞内，平时它没有与神经末梢相接触的机会，只有在细胞受到损伤时，钾离子便会从细胞内逃出,刺激神经末梢,引起痛觉。疼痛怎么会与人们的心理有关呢?原来细胞的损伤还与肌肉的紧张有关。当人的内心处于一种紧张状态时,会使人的肌肉也随之紧张,这将导致血管发生痉挛,使组织细胞缺氧和缺血,钾离子就会跑到细胞外而引起疼痛。

小知识

放松疗法

由于放松疗法要求病人放松意识,注意力集中,而注意力集中又是不少人难以保持的,为此特地介绍两个锻炼人的专注能力的小训练:

一是节拍器法。找一个节拍器,摆正姿势静坐好,然后专心听节拍器嘀嘀嗒嗒的声音。起初听到的声音比较遥远和微弱,随着注意力的集中,就会感到节拍器的声音像是在自己胸膛里的振荡,甚至像是从室内周围墙壁上反射回来一样。如果没有节拍器,可用钟或表来代替,比如,把表贴在自己的耳朵上,聆听表针发出的嘀嘀嗒嗒的声音,即可进行锻炼。

二是线摆法。把20多厘米长的线拴在古铜钱或螺丝母上,然后用手捏住绳子的另一端,让铜钱或螺母静止地垂在自己的鼻尖前面,两眼盯住铜钱和螺母的小孔。当注意力集中到这儿以后,在心里反复默念"左右动,左右动",不一会儿,就会发现铜钱或螺母真动了起来。这时心里可再默念"摆大些,摆大些",结果,摆的幅度会真的变大起来。注意力越集中,反应就越强烈。如果注意力不集中,将毫无效果。

44. 为什么会有黄昏心理？

黄昏心理是老年人的一种常见负性心理，通常表现为情感消沉、精神颓废，是一种有害身心健康的不安定因素，需要通过自我调适来加以消除。为什么会有黄昏心理呢？

颓废无为感会带来黄昏心理。人到老年，身心都发生变化，加之退休，老年人渐渐发现自己"大事干不了，小事不用干"，整日在"吃、睡、坐"中轮回周转。久而久之，心理上枯燥无聊、颓废无为的感受积压成黄昏心理。

怀旧回归感会带来黄昏心理。"复古"一词在年轻人群体中盛行，老年人群也不例外，但老年人的复古，指的是对过去的留恋，沉湎于以往的追求，从而多愁善感。怀旧的老人，思绪时常集中于过去的生活，睹物思人，愁绪满肠，随之产生"黄昏感"，也就见怪不怪了。

黄昏末日感会带来黄昏心理。年纪越来越大，有些老年人感觉就要走到生命的尽头，产生惆怅之感。"七十三，八十四，阎王不请自己去"，不唱春之歌，反奏黄昏曲，身心陷入一种绝望的境地不能自拔。

生活缺少情趣，就不能老有所乐；思想观念陈旧，就会缺乏人生追求和进取心。对于工作来说，很多老年人已画上了句号。但

五、老骥伏枥，志在千里——如何实现心理抗衰老

对于整个生活来说，老年期则是一个"逗号"，学几个黄昏心理调适小妙招，每天都是"艳阳天"。

黄昏心理调适小妙招

首先，老年大学、老年活动中心都是学习、休闲、交际的好去处。年轻时想做却没时间做的事，这时候可以列成清单，一件件达成。

其次，中医有"思则气结"的说法，所以，凡事都要往好处想，给自己积极的心理暗示，仔细咀嚼"不幸中的万幸"和"人间正道是沧桑"这两句话，冲淡愁绪，感受幸福的存在。

最后，叶剑英元帅曾经有诗云："老天喜作黄昏颂，满目青山夕照明。"老年人应以"夕阳无限好，人间爱晚晴"的美好心态去拥抱晚年生活，感受生活中美好的细节，享受生活给予自己晚年的恩赐。

45. 为什么会有老年自卑心理？

自卑是一种消极的情感体验，表现为对自己的能力、品质评价过低，同时伴有一些特殊的情绪体现，如害羞、不安、内疚、忧郁、失望等。当人的自尊需要得不到满足，又不能恰如其分、实事求是地分析自己时，就容易产生自卑心理。人到老年，生理机能的衰退导致心理健康受到影响，容易产生自卑心理。

产生老年自卑心理的原因主要有以下几点：

（1）机体老化引起的生活能力下降，很简单的生活小事都料理不好，感觉自己拖累家人和朋友，从而产生自卑心理。

（2）离退休后出现角色转换障碍，这在从领导岗位上退下来的老年人身上最为常见。退休老人觉得失去了工作与权力，生活中没有了迎来送往的热闹，心里便会产生萧条冷落之感，或是自暴自弃，产生无用感。

（3）退休后带来的收入水平下降、生活保障上的不安以及在社会和家庭中经济地位的改变，也是老年人面临的重大问题，容易让老年人产生不安全感，从而产生自卑心理。

改善老年人的自卑心理，可以从以下两方面着手：

一方面，消极的心理是引起老年人自卑心理的主要原因。老年心理学认为，关门养老、困守斗室的消极养老只会越养越老。

五、老骥伏枥，志在千里——如何实现心理抗衰老

老年人是人生的秋天,是成熟与收获的季节,历史上许多创大业的名人(如孔子、孟子、恩格斯等)都是大器晚成。老年人应该甩掉那些不良情绪,开创人生第二个高峰。

另一方面,由于自尊心过强,同时受虚荣心的驱使,老年人对自己退休后的角色转换想不通,因而产生自弃、自卑情绪。其实,"丢权"变老,犹如季节转换,是人生的必然规律。唐代诗人孟浩然有诗云:"人事有代谢,往来成古今。"有能力的老人仍可以发挥余热回报社会,同时也保证自己的经济来源,提升生活的安全感。

小贴士

名人也有自卑的经历

美国总统林肯不仅是私生子,出生微贱,且面貌丑陋,言谈举止缺乏风度。他力求从教育方面来汲取力量,以克服早期的知识贫乏和孤陋寡闻。他最终摆脱了自卑,并成为有杰出贡献的美国总统。

贝多芬从小听觉有缺陷,耳朵全聋后还克服困难写出优美的《第九交响曲》,他的名言"人啊,你当自助!"成为许多自强不息者的座右铭。

在补偿心理的作用下,自卑感具有使人前进的反弹力。由于自卑,人们会清楚地意识到自己的不足,这就促使其努力学习别人的长处,弥补自己的不足,从而使其性格受到磨砺,而坚强的性格正是获取成功的心理基础。正视自己的现状,每天努力去改变一些,成功也会更近一些!

46. 为什么会出现'戴着眼镜找眼镜'的老年记忆障碍?

小案例

"老伴儿,我的眼镜呢?""这不是挂在你的脖子上嘛!""看我这记性……"

上面的情景在老年人的日常生活中屡见不鲜。研究表明,随着年龄的增长,人的记忆发展变化趋势是随着年龄的增长逐渐衰退,40~50岁期间减退明显,其后基本维持在一个相对稳定的水平;70岁是记忆衰退的一个关键期,此后便进入更加明显的记忆衰退时期。

记忆老化并非记忆的各个方面全面或同时减退,衰退的速度和程度因记忆过程和影响因素等的不同,呈现出老年人记忆减退的特殊性:第一,老年人机械记忆衰退明显,意义记忆较机械记忆衰退为慢;第二,再认能力表现出逐渐老化现象,但再认比回忆保持较好;第三,识记和回忆"姓氏"最难,回忆人名是老年人最常见的烦恼。

老年记忆障碍的主要原因在于信息提取困难。比如,老年人戴着眼镜,却无法提取眼镜存放位置的相关信息。此外,老年人记忆障碍是编码储存和提取过程相互作用的结果。最后,老年人较少主动地运用记忆策略和方法。

五、老骥伏枥,志在千里——如何实现心理抗衰老

然而,老年记忆的变化具有可塑性,为了改善老年的记忆,可以有意识地进行干预并发掘记忆潜能。第一,利用多种感觉器官。老年人应采取耳听、眼看、口诵、手写等多种感知动作加强记忆。第二,建立良好的日常生活秩序,必要的事情可以写备忘录(如按时服药),按规定事项提示注意。第三,放缓学习和做事情的步调,按适合自己的速度从容地进行各项工作。第四,有意识地进行改善记忆的训练,提醒自己注重运用记忆策略。如运用复述、背诵、归类、创编联系、联想、组合、想象等有效记忆方法以加强记忆效果。第五,增强记得住的信心,不能背"遗忘"的包袱,以顽强的意志改善记忆,延缓记忆衰退。

记忆力训练方法

(1) 分布记忆法。这是把不同性质的识记材料按时间分配、交替进行记忆的方法。丰子恺先生的"二十二遍读书法",不是一气完成,而是分四天进行的:第一天读十遍,第二、第三天各读五遍,第四天读两遍。这就是分布记忆法。这种方法比较省力,也比较科学。

(2) 系统记忆法。这是按照科学知识的系统性,把知识顺理成章,编织成网,记住一串知识的方法。零散的珠子,我们一手抓不了几粒,如果用一根线把珠子穿起来,提出线头就可以带起一大串。这种方法记得清楚,提取方便,还可以培养比较和归纳的能力。

(3) 比较记忆法。这是对相似而又不同的识记材料进行对比分析、弄清它们的异同以进行记忆的方法。比较的基本原则有二:同中求异、异中求同。

47. 为什么会有睡眠障碍？

人的一生中约有 1/3 的时间是在睡眠中度过的，睡眠是人类不可缺少的一种生理现象。充足的睡眠，可消除疲劳、恢复体力和精力、保护大脑，还可增强免疫力，缓解压力，延缓衰老，促进长寿。到了中老年，睡眠质量开始衰退，并逐渐恶化，产生睡眠障碍。

老年人常常因为睡不着觉而痛苦。老年人的睡眠障碍主要表现为入睡困难、睡眠时间缩短、睡眠不深、容易在睡眠中醒来、早醒等症状。睡眠障碍使老年人的情绪不稳定，容易激动，好发脾气，从而使老年人精神疲惫，最终失去生活的乐趣和信心。所以不可把老年人的睡眠障碍当作一般性的小问题对待，应该引起足够的重视。

综合国内关于老年人睡眠障碍的研究，老年人的睡眠质量主要受生理、心理等综合因素的影响。生理方面，老年人可能患有高血压、糖尿病、心脏病等慢性疾病，夜间睡觉前服用药物可能引起睡眠质量降低。心理方面，随着年龄的增长，老年人逐渐从关注环境、社会等方面转移到关注自身健康，因此对自身的痛苦更加敏感，从而引发紧张、焦虑，在一定程度上影响了睡眠质量。退休后的老年人生活单调、社交减少，容易产生孤独感、失落感，空巢带来的寂寞感甚至感到不被需要等，这均会导致情绪低落，影响睡眠质量。

五、老骥伏枥，志在千里——如何实现心理抗衰老

为了改善睡眠质量,远离睡眠障碍的纷扰,可以从以下几点做起。首先,保持睡眠卫生,保持卧室安静舒适,避免晚间暴饮暴食和避免睡前剧烈锻炼;其次,尽量使卧床时间等于睡眠时间;最后,学习行为疗法,使卧室里的各种刺激与迅速入睡建立条件联结,尽可能多下床活动,戒除影响睡眠的不良习惯,建立稳定的睡眠-觉醒规律。

小知识

人的睡眠周期

国际睡眠医学将大约90~100分钟的睡眠阶段分为五期:入睡期、浅睡期、熟睡期、深睡期、快速眼动期。

(1)入睡期。入睡期是睡眠的开始,昏昏欲睡的感觉就属于这一阶段。此时脑波开始变化,频率渐缓,振幅渐小。

(2)浅睡期。浅睡期开始正式睡眠,此时脑波渐呈不规则进行,频率与振幅忽大忽小,其中偶尔会出现被称为"睡眠锭"的高频、大波幅脑波,以及被称为"K结"的低频、很大波幅脑波。

(3)熟睡期和深睡期。熟睡期和深睡期是沉睡阶段,不易被叫醒。此时脑波变化很大,频率只有每秒1~2周,但振幅增加较大,呈现变化缓慢的曲线。

上述四个阶段的睡眠共经过约60~90分钟,而且均不出现眼球快速跳动现象,故统称为非快速眼动睡眠。

(4)快速眼动期。这一阶段的脑波迅速改变,出现与清醒状态时脑波相似的高频率、低波幅脑波,但其中会有特点鲜明的锯齿波。此时除了脑波的改变之外,睡眠者的眼球还会呈现快速跳动现象,故此阶段被称为快速眼动期。

48. 为什么要变"养儿防老"为"养生防老"？

我国的传统习惯推崇家庭养老，儿女把年老的父母接到自己家中或自己搬到年老的父母家中，为父母养老送终。由于家庭结构日趋小型化，独生子女家庭日益增多，老年人口特别是高龄老年人口的激增，使这一传统的居家养老模式发生变化，越来越多的老年人改变了"养儿防老"的传统观念，不再把与子女同住、由子女担负老人的养老看作老年人获得幸福的唯一养老模式。老年人在养老方面也越来越看重以自身充实的生活方式安度晚年，并把这看作幸福晚年的重要来源。

走向衰老是每个人不可避免的生命过程，步入老年期后，人的身体各项器官逐渐趋向老化，生命衰老的迹象开始明显。但一个人的心理开始衰老，才意味着"真正衰老"，因而有学者把心理衰老看成是通向死亡的"催化剂"。因此，充实地生活着，让自己拥有健康的心理状态，不仅可以提高老年人晚年生活的幸福感，还有助于延长寿命。研究证明，心理老化与生理老化是互为因果、彼此伴随的，一个老年人一旦心理老化，就会引起感知觉的衰退、注意力的下降、记忆力的减弱、言语功能的退步、思维的退化、意志力的衰弱，还会使消极情绪增多，性格发生某些变异，最终导致老年人生理功能的老化，使老年人对外在环境的适应能力下降，身体各器官功能减弱。

五、老骥伏枥，志在千里——如何实现心理抗衰老

今天的老年人，要尤其注重"心理养生"。心理健康、心理调适对退休后老年生活是至关重要的，只有身心都健康，才能算是真正意义上幸福的老年人。老年人需要调整好自己的心态，以自主的方式充实而快乐地颐养天年。第一，尽力保持和谐的人际交往，使自己时刻融于社会。第二，尽力使自己找到心仪的兴趣活动，设法使自己身心动起来。第三，心胸开阔，宽容洒脱，把情绪调节到最佳状态。第四，为自己建立一个干净、舒适、适宜养老的良好生活环境。

小贴士

新编长寿三字经

长寿诀，动静乐，精气神，调气血；运筋骨，勤吐纳，适进补，气血足；
水不流，易发臭，人不动，难长寿；久坐卧，气血衰，脑腿勤，精神来；
站如松，卧如弓，坐如钟，行如风；腰腿灵，血脉通，适动静，少生病；
笑一笑，十年少，愁一愁，白了头；睡得好，起得早，慢步跑，延缓老；
面常浴，发常梳，鼻常摸，耳常捻，睛常旋，齿常扣，
津常咽，腹常揉，脊常搓，肢常伸，阴常兜，足常抚；
热烫脚，冷擦澡，按穴位，通经络；烟有毒，吸害己，又损己，实当忌；
常查体，重防治，慎吃药，增免疫；早吃好，午吃饱，晚吃少，杂食好；
多粗素，少荤细，多果醋，少烟糖，多水茶，少饮酒；
食勿言，卧勿语，酒勿醉，色勿迷；心胸阔，百岁活，身心健，全家乐。

49. 为什么"以老自居"人更老？

小案例

"我一把年纪了，吃过的盐比你吃过的饭还要多……"何奶奶退休后看什么都不顺眼，经常数落家人和邻里的孩子。

上述情境在很多老年人身上经常发生。他们常常以自己年纪大了为理由，倚老卖老，希望别人都听自己的，如果别人不听从他们，甚至会大发脾气。退休后由于生理功能老化、社会角色改变、社会交往减少以及心理功能变化等主客观原因，老年人经常产生消极情绪，感到失落、孤独，甚至忧郁、焦虑，从而危害老年人身体健康、影响养老生活。

走向衰老是大自然不可逆转的规律，如果没有良好的精神状态，不老也会显老。"一乐百病消，一愁白了头"，心态年轻是老年人保持健康长寿的秘诀。研究发现，长寿老人大多性情随和、豁达开朗，对待生活态度乐观，即使生活中有不如意的事情发生，也能保持心平气和。现代医学认为，心胸开阔的人，可以把情绪调整在最佳状态，良好的情绪可以更好地提高人体的免疫能力，有益健康；持久的不良情绪状态则会诱发多种疾病。随着年龄的增长，老年人会有一系列明显的生理衰弱和对周围环境变化难以适应的症状发生，经常会成为老年人不良情绪的诱发因素。老年人要时时提醒自己，不去做力所不能及的事情，以减少自己老而无用的不良心理感觉。同时，要认识到人生总会有遗憾之处，一味陷于遗憾而不能自拔，只会使自己生活得不开心，影响自己晚年生活的幸福。

五、老骥伏枥，志在千里——如何实现心理抗衰老

老年人在主观上也要让自己不服老。每天把胡子剃得干干净净,头发梳得整整齐齐,衣服穿得整整洁洁,还可以化化妆,精心地做一个发型,穿穿裙子花衫,不但不显老,更使自己有青春尤在一样的好感受,从而使年老的自己永远拥有一颗健康不老的心,更可以和年轻人一样活得潇洒,一样活出晚年之乐。

小贴士

"老有所为"的老年人

生活中有许多老年人不仅能做到老有所为,甚至做出了比年轻人更令人瞩目的成绩,这在很大程度上得益于老年人所拥有的健康情绪。

不可否认,很多老年人的心态让我们肃然起敬。比如罗素,在73岁时完成《西方哲学》,在95岁高龄时完成自传前三卷。革命导师马克思在七十多岁时开始学习一门从未接触过的语言。我国102岁的冰城老人崔淑兰,百岁时患癌症却奇迹般复原,她靠的就是保持心平气和、"劳动加知足"。法国的珍妮在121岁时还喜欢打猎、散步、打网球,面对生活中的各种不如意坦然处之、自信乐观。

50. 为什么会患老年痴呆？

随着年龄的增长，老年人记忆衰退的最严重后果就是引发老年痴呆。随着科学技术和生活水平的不断提高，高龄老人在整个社会中越来越多，这就导致老年痴呆的发病人数不断增加。

老年痴呆的病因十分复杂，有年龄、疾病、遗传、情绪等多种因素。根据病因的不同，老年痴呆主要分为以下三种。

(1) 阿尔茨海默病(AD)是目前危害老年人身心健康最多见的一种精神疾患，在女性老年人中较为常见。阿尔茨海默病与年龄、脑外伤和家族遗传史有关。临床研究也确实发现，有一部分阿尔茨海默病有明显的家族史，这可能与染色体遗传特性有关。

(2) 多发性脑梗死痴呆(MID)是血管性痴呆的典型代表，男性老年人患病率要高于女性老年人。临床发现，患有多发性脑梗死痴呆的老人大多患有高血压，而且病程发展较为缓慢，会随一次次中风而加剧。其病因是脑血管病变引起脑组织血液供应障碍，从而导致脑机能衰退。

(3) 帕金森氏病是当下痴呆的常见病，在男性老年人中较为多见。目前医学上仍不知道此病确切的致病原因，只是解剖学的证据表明，患帕金森氏症的老年病人脑部的多巴胺减少，因此临床多用补充多巴胺的药物进行治疗，可取得明显改善，但达不到治疗的作用。

老年痴呆家族史和年龄增长是患老年痴呆的最主要成因。但越来越多的证据显示，改善生活方式和膳食可以维持脑部功能，并减低产生记忆混乱的危险。第一，要锻炼脑部，不要让思维生锈。思维活

五、老骥伏枥，志在千里——如何实现心理抗衰老

动可以加强脑细胞和神经元,还可能产生新的神经细胞。用不同的方法做一些日常活动(如用另外一只手刷牙),可以增强脑细胞的功能。第二,要保持与人沟通。经常与家人朋友沟通,也可以减低患老年痴呆的风险。第三,多做运动。保护大脑的方法之一就是保持心脏的健康。有氧运动有助于氧气的消耗,有利于脑部的功能。第四,多吃健脑食物。每天一只苹果,有助于远离老年痴呆。苹果或苹果汁配合均衡的膳食,可以防止脑细胞损坏引起的老年性健忘症。

如果怀疑自己患上老年痴呆,需要到正规医院神经内科检查,确诊具体类型、分期后对症治疗。不同类型、分期的治疗办法是有区别的,只有早检查确诊、早治疗效果才好。

小知识

老年痴呆病人常见的首发症状

(1)学习和记忆保持障碍。不能记起近期发生的事情、与人谈话的内容、物品放置的位置。

(2)完成复杂工作时存在困难。不能通过周密的思考来完成复杂的任务,做事缺乏条理。

(3)思维和判断障碍。开始是对精细复杂的事物不能正确分析判断,逐渐发展为不能判断日常生活和常识。

(4)定向障碍。如在熟悉的环境中迷失方向。

(5)言语障碍。不能用恰当的词语表达自己的思想或与人进行有效的交谈。

(6)行为障碍。对环境反应敏感性下降,喜好收集垃圾、废品。

(7)情感障碍。情绪不稳定,喜怒无常,欣快、急躁、愤怒、抑郁、淡漠等情绪交替出现。

(8)性格和人格改变。任性、不讲卫生、自私、多疑、无羞耻感、无道德感,甚至出现违法乱纪行为。

图书在版编目(CIP)数据

阳光心理/崔丽娟主编;上海科普教育促进中心组编.—上海:复旦大学出版社:
上海科学技术出版社:上海科学普及出版社,2015.10
(十万个为什么:老年版)
ISBN 978-7-309-11840-7

Ⅰ.阳… Ⅱ.①崔…②上… Ⅲ.老年人-心理保健 Ⅳ.①B844.4②R161.7

中国版本图书馆 CIP 数据核字(2015)第 229019 号

阳光心理
崔丽娟　主编
责任编辑/梁　玲

复旦大学出版社有限公司出版发行
上海市国权路 579 号　邮编:200433
网址:fupnet@fudanpress.com　http://www.fudanpress.com
门市零售:86-21-65642857　团体订购:86-21-65118853
外埠邮购:86-21-65109143
浙江新华数码印务有限公司

开本 889×1194　1/24　印张 5　字数 83 千
2015 年 10 月第 1 版第 1 次印刷

ISBN 978-7-309-11840-7/B·561
定价:15.00 元

如有印装质量问题,请向复旦大学出版社有限公司发行部调换。
版权所有　侵权必究